很毒很毒的病毒营销

互联网+时代的营销新玩法

陈　轩◎著

北京联合出版公司
Beijing United Publishing Co.,Ltd.

图书在版编目（CIP）数据

很毒很毒的病毒营销：互联网+时代的营销新玩法 / 陈轩著.
—北京：北京联合出版公司，2016.4（2020.11重印）
ISBN 978-7-5502-7152-4

Ⅰ.①很… Ⅱ.①陈… Ⅲ.①网络营销 Ⅳ.①F713.36

中国版本图书馆CIP数据核字（2016）第023248号

很毒很毒的病毒营销：互联网+时代的营销新玩法

作　　者：陈　轩
出 品 人：赵红仕
选题策划：北京时代光华图书有限公司
责任编辑：管　文
特约编辑：高志红
封面设计：零创意文化 [876844894@qq.com]
版式设计：曾　放

北京联合出版公司出版
（北京市西城区德外大街83号楼9层　100088）
北京时代光华图书有限公司发行
北京雁林吉兆印刷有限公司印刷　新华书店经销
字数147千字　787毫米×1092毫米　1/16　12.75印张
2016年4月第1版　2020年11月第3次印刷
ISBN 978-7-5502-7152-4
定价：58.00元

版权所有，侵权必究
未经许可，不得以任何方式复制或抄袭本书部分或全部内容
本书若有质量问题，请与本社图书销售中心联系调换。电话：010-82894445

目录

PART III 人性永不变：“低头族”为啥会上瘾

传染：新媒体时代病毒营销的“6 大支柱”

黏死：很毒很毒的“病毒10型”

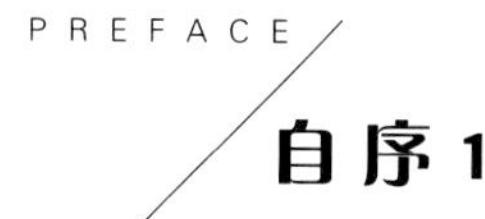

营销十年

在品牌营销领域，我整整奋斗了十年！业务代表、销售主管、文案、策划助理、品牌经理、品牌总监、营销副总裁、总经理……家电企业、中药企业、营销策划公司、饮料企业、国外4A公司……留下了我十年来或深或浅、跌跌撞撞的脚印。

有幸与加多宝、E人E本、圣象地板、云南白药等营销界的传奇高手亲密合作，在经历了近百个创业型项目的营销规划和销售实践后，我总结发现：但凡能短时间、从无到有、成功打造出品牌的企业，在策略切入、卖点提炼和品牌塑造等营销核心技能方面都有其独到之处，操盘手对人性的理解之深、对产品核心信息处理之精妙，不但令国内营销学术界难以望其项背，更令西方营销专家望尘莫及。

立足现实、头脑清晰、意志坚定、眼光老辣，这些出身草根的成功企业家是真正的营销大师。他们对文学、心理学、艺术设计、广告学、传播学、金融学、信息技术等多学科的核心概念与原理融会贯通，能随时为市场决策提供灵感，他们拥有 20 多年在中国市场厮杀猎食的经验，懂得怎样花最小的成本赚取最大的利润；他们每天在琢磨卖点、打磨文案、提炼热点、分析销量，寻找需求的核心和品牌的机会。他们对低成本营销推广的掌握，真正做到了运用之妙，存乎一心。这种以企业家和成功品牌为代表的、脱胎于但又超越西方传统理论的，尤其是巧妙而娴熟地借助线上线下媒介实现口碑传播的，凡此种种，独立而成熟的知识体系和操作规范，我称之为“很毒很毒的病毒营销”。

后工业时代、互联网 + 时代，无论哪个时代的营销，核心挑战都是“如何攻占消费者的大脑”。资讯单一的 20 世纪 90 年代，任何新产品，只要高空轰炸 + 地面渗透，电视报纸终端“海陆空”几个大招就能将市场开发个七七八八。但现在营销环境的变化说翻天覆地一点也不夸张，且不说目标客户极度分散、行业边界模糊、传播效果失控，仅消费者就已经狡猾顽固得令人头疼。他们吃掉鱼饵却轻松吐出鱼钩，他们相信亲友的口碑推荐却对企业请明星投巨资呕心沥血制作出来的广告视而不见，他们紧紧盯着价格标签却对我们曾经赖以成名的品牌形象等技法嗤之以鼻。相比 20 年前，甚至 5 年前，营销已经演变为空前复杂和空前被动的高难度挑战与真正的成功关键因素。

你死我活的市场搏杀，只有赢家与输家，没有所谓的专家。甚嚣尘上的定位理论、品牌形象理论、SNS 工具、微博微信双微互动、大数据、数字营销等，在笔者看来，其实都还是只停留在“术”的层面。大道至简，在以结果论英雄的企业界，化繁为简、返璞归真的思考才是解决市场难题最有效的方法。这种方法我认为应该是病毒营销。

没有规模就没有品牌，没有数量就没有质量，没有病毒就没有营销。

病毒营销的本质是“攻心洗脑”，比基于客户需求的STP[①]等传统理论更具侵略性和成功率；病毒营销的目标是“销售”，比4A广告公司的“忠诚度美誉度”更现实有用；病毒营销的本质是“借势”，比虚无缥缈的“点子创意”更能花小钱办大事；病毒营销的驱动力是“社会心理学”，比单纯的玩概念、秀文案、做画面等更深刻系统和具有穿透力；病毒营销的原则是“任何行业都是媒体，任何产品都是广告”，这才是成功大佬们的真正不传之秘！

阳光下没什么新鲜事物。丘吉尔说过：“你能看到多远的过去，就能看到多远的未来。”无论时代如何变迁，人性深处的需求和500年前并无二致。从企业层面而言，缺乏对传统营销精髓的尊重和掌握，任何新技术、新平台、新媒介都是舍本求末，都是流动的宴席和短命的狂欢；同样，抱残守缺，放弃对基于移动社交媒体的追进和研究，任何顶尖策略、优秀产品都显得力不从心，不过是易逝之烟花和注定之败局。

写书是件吃力不讨好的事，女儿瞳瞳出生，我才有了坚持将这本书写完的勇气。多年来的策略训练使我坚信：凡是将简单问题搞复杂的，不是骗子就是傻子。这本书，不是咨询专家们的坐而论道，而是对创业者真知的忠实记录；不是旁观者的故弄玄虚，而是营销老兵的十年心血总结和倾囊相授；不是沽名钓誉，而是给宝贝女儿的新生礼物和向自己十年献身营销的无悔青春挥一挥手。

无论创业或营销，都是值得尊敬的勇敢者的抉择。十年来，在工作中无论发生什么，我都全力以赴认真对待，事业即为修行，在做事中拼命进化和成长，我认为这才是人生的真谛。末尾附上《美国企业家宣言》，它

① 在现代市场营销理论中，市场细分（Market Segmentation）、目标市场（Market Targeting）、市场定位（Market Positioning）是构成公司营销战略的核心三要素，被称为STP营销。

曾经使我悸动，希望也能给你力量。十年弹指一挥间，谨与诸君共勉。

我不要选择做一个普通人。
如果能够做到的话，我要成为一位不寻常的人。
我寻找机会，不寻求安逸。
我憎恨虚度光阴，这令我痛苦不堪。

我要做有意义的冒险。
我要梦想，我要创造。
我要失败，我也要成功！

我渴望奖励，拒绝施舍。
我宁愿幸福充实的辛苦也不愿萎靡虚空的平静。
我宁愿充满挑战的艰辛也不愿混乱堕落的庸俗。

我不会拿我的自由换取恩惠。
更不会拿我的梦想换取名利。
我决不会在任何一位权威面前发抖，也不会为任何恐吓所屈服。
我的天性是挺胸向前骄傲而无所畏惧，我要纵情地思考与行动。

我要钟情于我所创造的价值。
我光荣地面对这个世界自豪地说：
在上帝的帮助下，我已经做到了！

大病毒时代来临

2014年10月12日，笔者花了半小时，写了篇667字的小文章，随手扔到“今日头条”上，然后开车到北四环找皮总“浪荡”去了。一路上手机提示加粉的响声不断，打开后大吃一惊。

距离文章发表：

1小时后——该文章的阅读量14000，收藏量747；

2小时后——阅读量40000，收藏量1903；

4小时后——阅读量160000，收藏量5584；

13个小时后——阅读量576195，收藏量17746；

24个小时后——阅读量850924，收藏量25584；

26个小时后——阅读量1113737，收藏量31560。

也就是说，2天时间，没花一分钱，实现了111万次的自发传播！收藏量超过了3万。这，才是这个时代的玩法！

这一切是如何发生的？一个人写作半小时实现 111 万次的自传播？无论最先看到这篇文章的人是谁，他肯定不会平白无故帮我分享和推广文章，平均每小时 4.3 万的浏览量靠水军也是无论如何做不到的；111 万次的浏览和3万次的收藏是因为文章确实有用。因为有用，所以收藏；收藏完，又转发给自己的亲朋好友共享。这就是阅读者的所有动作和逻辑。

当然，好文章多了，为什么你的文章能在短短两天时间实现爆炸式和病毒式推广？笔者认为根本原因在于“将合适的内容在合适的平台上推送给合适的人”。

合适的内容无疑是核心因素。笔者有 10 年专业做营销的实战历练，且近年来专攻基于移动社交媒体的病毒营销。对病毒传播的策略、病毒诱饵的设置和病毒体系的搭建相当娴熟，而且具备核心的病毒内容创作能力。作者的基本功是前提，关键猎枪要瞄准。回头来看该文章的切入点，确实做到了稳准狠！该文章的标题是《能赚钱的暴利行业，究竟在哪里？》，667 个字，简单的三段：行业的重要性、从营销角度遴选行业、从财务角度遴选行业等，行文清晰明了，论证确凿有力。

如何实现“合适的平台和合适的人”呢？依靠的就是“今日头条”这个移动社交媒体的力量。“今日头条”的特别之处是一方面为用户编写偏好图谱，便于有的放矢；另一方面将编辑的因素降到最低。例如，当“今日头条”抓取到这篇较热的文章后，其个性化定制和推荐开始发挥作用，对偏好财经和创业的用户进行精准推荐，并针对圈子和群体进行协同推荐。所以，只要你的营销内容足够“有毒”，就能获得足够的关注、推荐和影响力。

“互联网女皇”玛丽·米克尔(Mary Meeker)的 2015 年最新报告显示：2014 年全世界有 52 亿手机用户，占全球人口的 73%，其中智能手机用户为 21 亿，中国用户数增长 21%；过去 8 年来，人们每天平均使用手机和平板电脑的时间从 0.3 小时增加到了 2.8 小时。你想想看，21 亿部手机摆在一起，是何等恢宏壮美的场景？这意味着兼具私密性和紧密型特点的手机，已经成为未来 10 年最重要的传播渠道。在 12 ~ 24 岁引领潮流的年轻人中，87% 的人手机从来没有离开过身边。手机不仅仅是人的思想和器官的延伸，甚至人已经变成了手机的外设和电源。它极大地改变了我们的生活习惯和状态，甚至影响了我们的思考方式。

微信，这个 2011 年才被开发出来的手机程序，每月活跃用户已达到 6 亿，用户覆盖 200 多个国家、超过 20 种语言，各品牌的微信公众账号总数已经超过 800 万个，移动应用对接数量超过 85000 个，微信支付用户则达到了 4 亿左右；25% 的微信用户每天打开微信超过 30 次，55.2% 的微信用户每天打开微信超过 10 次。这意味着任何内容只要能在微信上流行，就可以实现不花一分钱让品牌一夜成名。以微信为代表的移动社交媒体毫无疑问已经成为企业争取消费者的一个重要推广工具。

柳传志认为：互联网 + 的作用大大地被低估了。在互联网 + 时代，营销领域的注意力毫无疑问是聚焦在智能移动端（也就是手机和平板电脑）的移动社交媒体之上了。社交网络已经成为人们获取信息的主要途径，通过微信了解这个世界已经变成很多中国人的生活方式；在传播成本趋近于零的社交平台上宣传和推广自己的产品，已经成为互联网 + 时代营销的主流方式。在互联网上动作频频的苏宁创始人张近东坦言："互联网本质上还是一种工具，不可能完全取代实体，但它又是大势所趋，就像空气一样弥漫整个社会，这时每个行业甚至每家公司都要互联网化。"

如何互联网化？如何移动互联网化？对于微观层面的企业而言就是：如何创造和捕捉商业机会？如何吸引目标客户关注企业的产品和品牌？如

何在注意力争夺中取得先发优势和竞争优势？如何基于手机上的移动社交媒体进行病毒营销，将日益成为品牌建设和管理的重中之重。如何创建“很毒”的内容，少花钱甚至不花钱而实现百万甚至千万级别的品牌曝光，将成为营销成败的关键。这，才是互联网＋时代的营销新玩法！

英国《每日邮报》报道，通过屏幕解锁应用程序（Locket）对15万个手机用户的检测统计，英国普通用户每天查看手机约110次。相当于高峰时刻每6秒钟看一次。而央视财经频道调查显示：超过4成的中国人将大量休闲时间给了手机和平板电脑。随着移动社交媒体的迅猛发展，以“人”为中心构建的新型的舆论环境，以“熟人关系”为基础的口碑系统，将成为影响整个品牌营销传播的关键渠道和方式。这种迅疾生长的舆论体系，彻底颠覆了既往150年的工业化营销模式，这种全新的营销理念和推广手法使传统企业迅速陷入被动、迷惘和艰难的境地。

首先，它以碎片化、多对多、集群分层、交叉影响的口碑形态、传播与生产合二为一的立体网状群组式传播模式，彻底颠覆了传统企业以往一对多强势洗脑的传播模式；其次，它以化整为零、去中心化、成本透明和放大效应，彻底颠覆了传统企业与消费者的地位关系，使消费者变得前所未有的主动和强势；再次，它以创建令人上瘾着迷的内容作为塑造品牌的关键手法和方式，彻底颠覆了传统企业围绕传播渠道、大砸费用等低端的品牌打造和竞争模式；最后，它以集成了虚拟性、体验性、参与性、价值观与互动娱乐性等“大产品”的概念和外延，彻底颠覆了以往只注重功能和使用价值的企业产品设计与运营策略。

18世纪60年代的第一次工业革命，企业的中心任务是生产；19世纪70年代的第二次工业革命，企业的中心任务是垄断与扩张；20世纪40年代的第三次科技革命，企业的中心任务是融资；21世纪的互联网＋时代，企业的中心任务是营销。滔滔大势，顺之者昌。很多企业、老板和商业组织宁可否认事实，也不愿面对真相。这个真相就是：在互联网 + 的鏖战中，你如果玩不转病毒营销，当不了内容赢家，还守着工业时代陈腐的营销模式，就只有死路一条，绝对没有中间地带。

老子说："五色令人目盲，五音令人耳聋。"信息碎片化时代，缺乏体系化的知识结构，注定毫无价值。互联网可以告诉你"怎么把事情做对"，但想要知道"什么是对的事情"，只有专业且体系化的知识才能解答。本书将锁定"互联网 +"和"病毒营销"的范畴，帮传统企业搞清楚三大核心难题：

第一，如何保证传统企业的营销内容能被移动社交媒体广泛地分享和传播？即驱动该内容实现病毒化传播的因素究竟是什么？

第二，如何针对各具特点的移动社交媒体，定制化地创建出嵌入品牌和产品信息的营销内容，使之成为杀伤力十足的"爆文"？

第三，如何使营销内容像病毒一样无限繁殖，以最小的成本实现极大化的品牌价值和销量的双提升，成就一夜成名的"很毒很毒的病毒营销"？

传奇创业者谢家华曾经总结过："人们只要能够在形体上协调一致，把自己置身于一个更大的集体中，暂时地失去自我，就会感受到更大的幸福。"让你的品牌像病毒一样流行，是笔者这两年力攻的主题。产品、品牌、公司，能否成为潮流，并不依赖于启动它的人，而是取决于这个社会总体是否容易被潮流左右；并不依赖于使用者多高的社会地位，而是取决于其他人是不是容易被说服。《连线》杂志创始主编凯文·凯利（Kevin Kelly）把新经济时代的营销称为：Forest-Fire Marketing，也就是"森林火灾营销"。森林肯定会着火，但是哪棵树会着火你不知道，你的工作就是每天去擦火柴，肯定会发生火灾的。

本书将结合互联网＋时代的移动社交媒体、深受广大企业重视的病毒营销和社会心理学等相关理论，结合本人10年来在品牌定位和病毒营销领域的实践历练，为诸位洞穿传统营销模式的弊端及移动社交媒体如何颠覆传统营销模式，并总结出病毒营销的策略其实根源于大众心理学，并以此逻辑建立起100个涵盖文章、图片、视频、互动四种形式的病毒营销案例库。

基于移动社交媒体的病毒营销的高速发展不到15年，而社交媒体在中国的兴起也就不到10年，病毒样本量相对较小，秉承宁缺毋滥的原则，笔者对病毒样本选择标准有四条:（1）引发全社会大规模的讨论和模仿，甚至成为一种文化现象;（2）在社交媒体中有巨大的分享量、评论量和粉丝数;（3）内容是高质量的;（4）获得权威媒体赞誉，如广告时代十大病毒营销等。

搜集方法将依据笔者的实践工作经验，采用手工遴选方式，通过视频网站如优酷，社交类应用如微信、微博、BuzzFeed[①]和Pinterest[②]等，花了整整3个月的时间，共整理出100份病毒样本，其中互动38份、视频34份、图片8份、文章20份。具体病毒名单请查阅附录。

---

① BuzzFeed是一个美国的新闻聚合网站，2006年由乔纳·佩雷蒂（Jonah Peretti）创建于美国纽约，致力于从数百个新闻博客那里获取订阅源，通过搜索、发送信息链接，为用户浏览当天网上的最热门事件提供方便，被称为是媒体行业的颠覆者。

② Pinterest由美国加州帕罗奥多的一个名为Cold Brew Labs的团队创办，2010年正式上线。采用的是瀑布流的形式展现图片内容，无须用户翻页，新的图片不断自动加载在页面底端，让用户不断地发现新的图片。Pinterest堪称图片版的Twitter，网民可以将感兴趣的图片在Pinterest保存，其他网友可以关注，也可以转发图片。

结合以上所有研究结果，以内容分析和对比分析的方法，提炼出病毒营销的基本模式、框架和流程，笔者总结出新媒体时代病毒营销的"3层6大支柱"和"很毒很毒的病毒10型"。分别在第四章和第五章，从实践的角度给予传统企业的决策者和营销管理者以具体的策略选择与执行步骤，为传统企业在基于移动社交媒体实现内容病毒化的实践中提供理论支持和实践借鉴。

农业文明持续了5000年，工业文明持续了400年，互联网时代从20世纪50年代至今，不到70年。互联网+时代，是创业最好的时代。在这个日益碎裂的地球和产业中，你可以将你所不擅长的链条全部外包出去，只留你这个商业模式中最要命的环节和你自己最擅长的环节。

思科CEO约翰·钱伯斯说:"10年后有40%的公司都会沦落到苟延残喘的境地。"这个貌似语出惊人的看法，其实已经成为企业家们的共识。互联网催生了人类史上新的迁徙，在这场适者生存的残酷游戏中，有成功有失败，有获得有失去，无论如何，互联网+新时代的滚滚车轮已经驶来。在这场从传统向移动互联网化生存的集体迁徙中，快鱼吃慢鱼，智高吃智低，都是必然的命运。在这个技术变革日新月异、前所未有的时代，每一个声音都面对着世界，每一滴水都等同于大海。既然无法逃离，不如拥抱变革，现在，让我们开始吧!

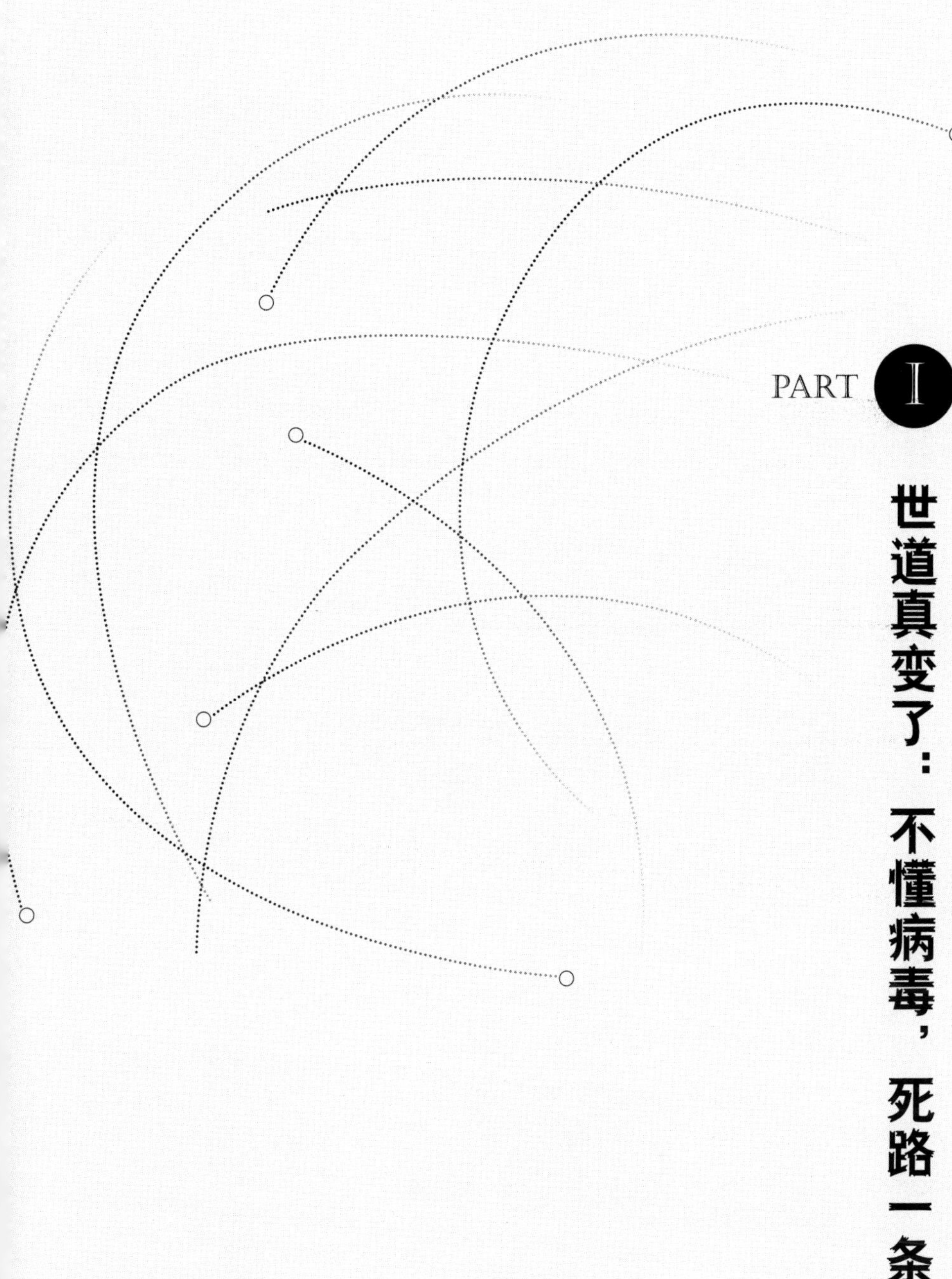

PART Ⅰ

世道真变了：不懂病毒，死路一条

传统行业面临着四大趋势：第一，世界破碎了；第二，边界模糊了；第三，消费者造反了；第四，族群出现了。如果在营销策略上没有嵌入社交，在产品设计上无法实现互动，那么结局只有一个——“死翘翘”！

一切皆移动，时时皆社交

2015年8月底，我与好几位创业公司的老总聊天，大家都感觉到一个趋势，那就是“花大钱没用，做广告没用，真正有用的营销和推广反而不需要怎么花钱”。上海一位创业者在某省报投了38万元的广告，来电量才19个，其中一半还是拉广告的；另一位老板在某微信大号投了一条广告，早上9点发的，结果从上午11点一直到晚上7点，浏览量一动不动地保持在110，到了晚上8点，“奇迹”出现了，浏览量陡然涨到了8300，这很明显是刷出来的。前一个例子证明，传统营销已经穷途末路；后一个例子证明，在互联网+的新时代，不懂病毒营销，只能被骗被宰，营销不给力，企业只有死路一条。

2015年3月，李克强总理在《政府工作报告》中提出“互联网+”行动计划，指出，推动移动互联网、云计算、大数据、物联网等与现代制造业相结合，促进电子商务、工业互联网和互联网金融健康发展，引导互联网企业拓展国际市场。

笔者认为：对于营销而言，互联网+其实分为三个段位。

第一个段位是：将移动互联网的营销工具融入传统行业，实现营销效率和效果的大幅提升。

第二个段位是：在传统企业内部，建立起“去中心化”的营销架构、“自下而上”的内容价值链和彻底的分布式管理，实现专属移动互联时代的营销模式。

第三个段位是：从营销逻辑跨越到生物逻辑。实现凯文·凯利所说的“自我复制、自我管理、有限的自我修复、适度进化和局部学习”，成为一个聚合文化、方向、协同和进化的生态系统。

说这话的时候，丢了商标、丢了红罐包装的加多宝，将“互联网＋饮料”开展得如火如荼：与滴滴打车达成合作，拿出手机对着罐身扫一扫，优惠券就到手了；边喝边上京东购物，扫一扫罐身，代金券即领即用。

说这话的时候，曾经没事就玩拒载、让人无计可施的出租车行业，正在被“互联网＋打车”的优步（Uber）和滴滴快的逼得连拒载的机会都没有了；北上广白领上下班打开手机叫专车，已经成为一种见惯不惯的标准动作。

说这话的时候，2015年第一季度，陌陌净营收达到2630万美元，同比大幅增长了383%，净利润为670万美元，2014年同期净亏损为120万美元，四年以来首次实现盈利。会员订阅、游戏收入和移动营销三大核心业务中，移动营销比2014年第四季度增幅超过60%；这又是一个“APP+营销”模式。

笔者经过10年在营销一线的实践，也与众多同行达成了共识，那就是：把推广的费用砸在微信大号上，比上央视管用。对于营销而言，“越软越有用”的趋势越来越明显，也就是说，软文广告、植入广告、原生广告这些病毒力十足的形式和策略，对于达成销售的效果越来越突出，而硬广告猛洗脑的打扰式营销，已遭消费者唾弃甚至痛恨。

传统行业的互联网化是长期的、系统的、深入而迅猛的过程。企业的天然使命只有两个：营销和创新。互联网+时代的传统行业营销上要解决的根本问题仍然是如何吸引顾客。笔者认为：传统行业面临着四大趋势：第一，世界破碎了；第二，边界模糊了；第三，消费者造反了；第四，族群出现了。如果在营销策略上没有嵌入社交，在产品设计上无法实现互动，那么结局只有一个——"死翘翘"！

"哪里有注意力，哪里就有金钱"，顾客现在大都在移动社交媒体上，这个媒体上的受众组建成了一个虚拟的社会，在这个分享、互动、流动的生态圈层中，"去中心化"是最庄严的逻辑。

在能洞穿未来的人面前，你没办法反击他！同样，当你知道未来时，未来就会改变。

01

世界破碎了

2006年，经济学家托马斯·弗里德曼（Thomas L. Friedman）分析21世纪初期全球化的过程，认为“世界被抹平了”；不到10年，看看四周你会发现：其实世界不仅仅被抹平了，而且被撕碎了，而这双撕碎一切的大手，就是手机和移动社交媒体。

手机和平板设备代表的移动端如今已经在信息获取、沟通交流和休闲娱乐方面全面超越PC互联网，成为精准辐射个人的第一媒体。InMobi[①]出品的《2014中国移动互联网用户行为洞察报告》调研结论指出：中国移动互联网用户平均每天接触媒体的有效时间是5.8小时；而使用手机(不包含短信和电话)的时间是1.73小时，使用平板电脑0.7小时，两者共2.43小时，占总接触时间的41%。

显著的便携、易用和高隐私性，使手机很自然地成为每个人“须臾不可分离”的生活和工作伴侣，见缝插针的使用情境直接导致了注

① InMobi于2007年在班加罗尔（Bangalore）建立，现为印度最大的移动广告公司，全球第二大移动广告公司，全球最大的独立的移动广告网络。

意力的碎片化。InMobi 统计：100 个人里面有 53 个人在社交活动时玩手机，有 60 个人在上下班时间玩手机，有 92 个人喜欢躺在床上玩手机，有 57 个人陪同家人时玩手机，有 51 个人在购物时玩手机，有 17 个人在卫生间玩手机，有 64 个人在看电视时玩手机，有 40 个人在开会或上课时玩手机，有 93 个人在等待的时候玩手机。

破碎的时间、破碎的媒体，创造和消费着破碎的内容：等地铁时，Coco 在微博上用足了 140 个字痛骂前男友；晚上睡觉前 Lily 瞪着大眼珠子，在微信上刷着狐朋狗友的朋友圈；出差时 Jack 在陌陌上体验一把好奇害死猫的小兴奋；肌肉发达的 Gary 在豆瓣上约一群无聊的同城陌生人掰手腕……这是一个何其破碎的时代啊！

每个人都表达出自己破碎的需求和偏好，驱动着企业的破碎化运营。上个月笔者因为某企业的服务差而在微博上抱怨，不到 20 分钟，该公司的客服就在微博上询问和安抚；不出 3 天，该企业的客服经理就登门道歉和服务。科技的发展和生产效率的提升，带来物质的极大丰富和个性需求的极大解放，有人调侃：20 岁的男人需要 Burton 滑雪板、Beats 耳机；20 岁的女孩需要一只 MiuMiu 的褶皱包和 Nathan Jenden 的墨镜；30 岁的男人需要宝马 5 系、入门级的 IWC 手表；30 岁的女人需要西门子嵌入式烤箱，每年一次的玻尿酸注射……

当你去 KTV 时会发现：唱《同桌的你》和《吻别》的大部分是“70 后”，唱《单身情歌》和《十年》的基本是“80 后”，而嘶吼着《背叛》《王妃》和《我的滑板鞋》的大多数是“90 后”。其实很多人不知道的是，在专业营销领域，以年龄为标准的人群细分其实已经缩小到 3 年为一个群体了。

破碎的群体注意力、破碎的媒体、破碎的内容、破碎的偏好……怪不得传统企业会抓狂。这还是小破碎，大破碎的其实是这个时代。20年前美国陆军战争学院对未来世界作出展望，认为未来的世界是起伏的、复杂难以预测的。他们用VUCA四个字母来描述，即动荡（Volatility）、无常（Uncertainty）、复杂（Complexity）和模糊（Ambiguity）。从蒸汽时代，进入互联互通时代，整个世界产生的数据的规模已经达到了宇宙的规模量级，经济越来越由实转虚，工业时代的线性增长日渐转变为互联网+时代不可思议的指数级增长。

如今的世界被一分为二，新旧两个世界截然不同、混杂在一起。一个是实实在在的旧世界，充斥着能解决问题的实物产品，如帮助我们移动的汽车飞机、帮助我们运算复杂程序的电脑、帮助我们传递信息的手机电话；社会精英的代表是西装革履的华尔街人和笑容满面的销售。另一个世界则是完全虚拟，为满足自我展示和社交需求而诞生，如陌陌、人人网、QQ空间、Instagram、Line、Facebook、Twitter等；这时社会的主角开始变为头发蓬乱如鸡窝的程序员、年轻富有的互联网创业者、目光深邃的未来学家等。新旧世界交织重叠，此消彼长。

大小都破碎了，怎么办？《德国工业4.0实施建议》指出，在当今全球的网络化和智能化进程中，在互联网+时代催生出的粉丝经济、社区组织、O2O经济的时代，互联网尤其是移动互联网，绝不仅仅是广告渠道和销售渠道，更是企业与用户交换的平台。以此平台重新聚合碎片化的群体注意力、碎片化的媒体、碎片化的内容和碎片化的偏好，在交互中完成产品设计、品牌推广和粉丝聚集，实现B2C到C2B模式的转变。

以交互的方式将线上的破碎拼接起来，但线下呢？中国企业苦心经营20多年的终端门店、传统渠道呢？那些餐食生产企业多年的KA（Key Account，重要客户）、商超、特殊渠道怎么办？“解药”除了大家耳熟能详的电子商务、人人趋之若鹜的O2O，还有一种新型的渠道模式风头正劲——点对点交通。

LBS[①]及相关技术催生催熟了点对点交通方式，笔者认为：未来标准产品（如电器）的门店都将会被绕开、被革命、被砍掉。外行以为优步厉害在于模式，其实真正厉害的是它的算法。划区而治，随机调配，以个人对个人、点对点的方式实现价值的传送，从而赢在最后一公里。此时，以外卖平台、微信为代表的社会化媒体和ERP是零售渠道真正的大救星。传统的玩法是以门店撬动规模，以流程保障品质，这种工业化思维模式必将被以口碑和利益激活需求，以算法和激励保障品质的新型的点对点的渠道玩法取代。

市场碎了、需求碎了、生产碎了、组织也得碎，这就是去中心化（分布式）的精髓。小米去KPI化的"0考核方式"、韩都衣舍的"阿米巴组织"[②]、海尔的"自组织"，未来企业和组织将会碎裂成为更细小的部分，没有一个人能比所有的人聪明，集体的力量会有更强大的适应性，组织会更智能更可靠，同时去中心化的系统很难被摧毁。

---

① LBS，基于位置的服务，是指通过电信移动运营商的无线电通信网络或外部定位方式，获取移动终端用户的位置信息，在GIS平台的支持下，为用户提供相应服务的一种增值业务。

② 阿米巴，原指单细胞动物的一类，后企业经营管理模式中使用这一词，称作"阿米巴经营管理模式"，由稻盛和夫提出。"阿米巴经营"基于牢固的经营哲学和精细的部门独立核算管理，将企业划分为"小集体"，像自由自在地重复进行细胞分裂的"阿米巴"——以各个"阿米巴"为核心，自行制订计划，独立核算，持续自主成长，让每一位员工成为主角，"全员参与经营"，打造激情四射的集体，依靠全体智慧和努力完成企业经营目标。

边界模糊了

微信是什么？是 QQ+Skype+ 录音笔 + 数码相机 + 论坛 + 游戏机。

IPhone 是什么？是电话机 +MP3 播放器 + 数码相机 + 录音笔 + 游戏机 + 记事本。

你很难将微信归类，微信打破了社交软件、录音笔、数码相机、论坛和游戏机的边界；同样，你很难将 iPhone 究竟是什么描述清楚，它打破了电话机、MP3 播放器、数码相机、录音笔、游戏机和记事本的边界。

公司的边界也模糊了，从传统的科层制、官僚制，进化为现在的自组织、阿米巴模式。互联网 + 时代的本质就是专注核心价值环节。非核心的如物流、生产、原料种植、财务会计、人力资源都应该外包出去。所有人都应该专注于营销和创新。那么此时外包商与公司本身的界限也模糊了。笔者很欣赏的一位中医，一家 4 口人，每年通过淘宝销售自制的中医药产品，销售额上千万元，其利润诸位可想而知了。企业与企业的边界模糊了，大企业与小企业的边界模糊了，甚至个人与企业的边界也模糊了。在未来，一个人就是一个企业，这种现象一定会成为常态。

如今甚嚣尘上的O2O打穿了线上与线下的边界，是虚拟与现实的融合。在实体店铺设免费Wi-Fi，将消费者接入网络，根据其以往沉淀下来的信息、行为和关系三重数据进行消费画像，精准推送产品和服务。对外提升消费者体验，为其创造价值；对内改善企业内部经营效率，对企业自身产生价值。这种购物到底属于电商还是传统零售商？

当然，O2O导致的直接后果是：线上线下的边界越来越模糊。线下渠道兴衰，直接盯着家电和快销品足矣。苏宁2011年盈利64.41亿元，2014年只有14.58亿元，上半年关了113家店，利润率0.55%。线上京东GMV[①]同比增长82%（天猫55%，阿里34%，2015年网上零售同比增长39%），这种现象被称为："到店不如到家。"究其本质，还是因为互联网使专业化愈加强大，每个人的时间越发值钱了。

2010年8月在美国洛杉矶成立的优步，2015年被估值500亿美元，是全球融资和估值最高的互联网公司之一。它将智能手机、APP和出租车三者合一。手机是APP的硬件载体，APP是业务流量的入口和交易的平台，出租车是价值和服务的完成者。它远远不是一家所谓的"汽车呼叫服务公司"，它2014年在圣莫妮卡提供网上订单食品服务和直升机呼叫服务，在曼哈顿提供快递服务。在华盛顿提供存储服务，还提供车库、租游艇和拼车服务。也就是说你根本无法精确定义优步的属性和边界。

正如携程网创始人、北京大学光华管理学院教授梁建章所说："在互联网领域内，产品指的是用户交互和交易流程的设计。"相对于传统

① GMV，Gross Merchandise Volume，成交总额（一定时间段内）。

制造领域的产品，互联网+时代的产品无疑外延更加宽广，品类界限更加跨越和模糊。

边界的日益融合，带来的直接后果就是竞争的加剧，尤其是站稳脚跟的大企业，分分钟就会被不知道从哪冒出来的完全不搭边的对手给灭了。如滴滴快的所代表的共享经济，不仅直接让掌握着人脉、资源和资金的出租车公司的大佬们坐卧不安，更直接令汽车生产企业愁眉不展。2015 年汽车厂商们，即使强势如宝马、奥迪等品牌，也都开始勒紧裤腰带，准备过冬了！滴滴快的威胁到出租车公司的既有利益，大家用脚后跟都能想到，但北上广的白领们从此不愿意开车，也不愿意换车，最终导致汽车企业，尤其是高端品牌如 BBA（宝马、奔驰、奥迪）等企业的销售增长大为受挫，估计谁都没想到。

以全新的玩法和视角，为消费者提供崭新的价值和体验，从根本上动摇原有企业的客户基础，实现颠覆性的赢利模式和绵延不绝的生态体系。这就是产业边界模糊的直接结果。如乐视 TV 把硬件以成本价或贴近成本价出货,从内容和广告业务获取收益。相比乐视“硬件白送、服务盈利”的模式，小米电视的发展路径则更加讨巧。

边界模糊酝酿了跨界的可能和必要。小米电视采用的“零库存广覆盖”的开放平台模式，其实是凭借庞大的流量低成本整合产业链的范例。首先，小米建立覆盖全部视频网站的开放性平台，包括了优酷土豆、爱奇艺、PPTV 等多家视频网站的录控平台，然后小米将流量导入各视频网站，由网站精细运营，双方共同来分成。这样，小米既避免了高价购买版权，实现了内容“零库存”，又实现了“广覆盖”——片源多过任何一家视频网站。将产业和企业的边界融合，突出优势快速起量。小米的策略可谓极其高明。

在互联网+时代之前，传统企业在跨界和边界融合上的实践，更多反映在多元化（或多角化）战略上。如李嘉诚4201亿港元的长江实业地产，与专注电讯业、零售业的和记黄埔之间一唱一和、首尾相济，多样化的业务布局帮助“李超人”达到平滑风险和最大化收益的目的。当然，多元化、专业化之争最终的结论是“专业化经营、多元化投资”，这一人人能接受的出路，受限于对互联网的认识深度和娴熟程度，对传统企业而言，互联网+挑战的成分其实更大于机遇。

传统企业还有一种貌似生态化，但其实是垂直整合的战略。如中粮的“从田间到餐桌”、圣象地板的“产业链战略”，都是纵向一体化，最大程度地压缩成本、榨取利润。单纯地做加法，占用大量资源，但每个环节都很难做到最优，一旦需求端或资金链发生问题，企业灭亡也就在旦夕之间，如上马数十条生产线的五谷道场，越建越高的巨人大厦，都是值得大家警诫的教训。

真正借助产业融合的大势、打造出新型生态的先锋，当属谷歌。谷歌洞穿了智能手机、平板电脑、智能电视、PC、汽车、可穿戴设备等产业，与品牌商和生产商建立了广泛而深入的合作关系，强化了Android平台在共生系统中的影响力。苹果、Facebook和百度、阿里巴巴、腾讯（以下简称“BAT”）三巨头等，当然还有小米，都是做生态的典范。

雷军认为小米生态包括：小米手机、小米电视、智能家居三大硬件业务；MIUI操作系统、云服务、大数据、游戏中心、小米金融五大互联网应用；互联网内容生态、智能硬件生态两大生态系统建设。

互联网+时代成王成寇的分界点就是：一个系统或者平台能否短时间迅速聚拢用户。越多的用户带来越高的客户平台转移成本，迅速拉升准入门槛和行业壁垒；同时确立游戏规则、完成市场整合；将流量和黏性，一步到位全部搞定；“做生态”的效应不是直线上升，而是指数级暴增。传统企业的客户数量翻一番，销量同比翻一番，但是用做生态的方式运营企业，则是N倍的暴增。腾讯现在也是只做两件事：链接和内容。大量投资生态周边伙伴，通过微信、QQ平台，链接人与人、人与服务、人与硬件。

凯文·凯利认为：（企业的组织架构）尽量做到层级扁平，有利于系统自下而上地做工作。平台的本质是，培养自下而上的生态系统。如企业开设BBS，鼓励老客户服务新客户，并不是为了省客服费用，而是老客户受过很好的产品使用训练，组建的系统更有效，更具有黏性。苹果公司，它是硬件开发商、游戏开发商、应用开发商等崭新产品、业务和企业孵化与诞生的温床。

正如春水堂创始人所说：“移动互联网最大的变化是让整个世界从宏观进入微观。所有过去成功的排列组合都已经被打散，被新的组合方式取代，使社会资源的利用效率更高，造成社会财富的急剧增加。”

在边界模糊、产业融合的时代，一定要有“自立者立人、自达者达人”的远见和胸怀，才能构建出一个自我生长和繁衍的生态环境，支撑各类衍生公司的存在和壮大，在打通平台、信息、流量、产品、金融之间的要素的基础上，形成动态平衡、互补制约、相融共生的群落，最终真真正正地黏住“消费者”。

消费者造反了

以前的消费者就像不到1岁的婴儿，只会被动地接受，如果不满意只能哭闹；现在的消费者，已经长大成为一个处于16岁叛逆期的“小坏蛋”，不但极有主见，时不时还会蹦起来抢夺企业家手中的指挥棒，要求为自己量身定制产品；更可怕的是如果他不满意，在互联网中一声咒骂，就有可能万人响应，企业老板和经理人多年苦心孤诣、真金白银砸出来的品牌，就有可能像流沙一样瞬间坍塌。

据各家财报披露，2015年第三季度，Facebook月活跃用户15.5亿，QQ月活跃用户8.6亿，微信月活跃用户6.5亿，Twitter月活跃用户3.2亿。互联网使消费者极大提升了沟通与集结的效率，在好几个亿的群体面前，任何强势品牌都只能战战兢兢，低头顺从，绞尽脑汁地研发最高性价比的产品和服务。

苹果公司最新推出的“Apple Music”业务，为中国音乐爱好者提供10元的月租服务，也就是说，从此之后你想听什么音乐，就听什么音乐，从贝多芬到披头士，从《小苹果》到交响乐，每月你只需要缴付给苹果 10 元就行；不需要再购买 CD、不需要再承受非法下载的道德压力。与此同时，唱片公司也获得了稳定的可预期的收入，解决了 CD 销量连年下跌的困境；独立音乐家和作曲家们获得了分成收益；当然，在获得大量的订阅客户的过程中，苹果收获了属于自己的越来越庞大的提成收益。此为典型的围绕强势消费者的需求，重新梳理产业链关系，以互联网 + 音乐的方式，重新分配利益的完美策略。

小米也是，在其他竞争对手给出“便宜的不好、好的太贵”的产品令消费者纠结抓狂时，小米提供了你根本没法拒绝的答案：“好货也可以很便宜。”果断占据了 2000 元左右的市场空白，提供了“硬件 + 软件 + 服务”的铁人三项。于是，消费者“造反”了，兴高采烈地抛弃了中兴、华为、酷派、联想等手机，“背叛”了三星和 LG，于是 2014 年小米在中国卖掉了 6000 多万部手机，成为互联网 + 时代当之无愧的传奇。

兼具经济学家和企业家双重身份的梁建章总结过，在工业时代，传统企业可以通过机器、地段、资源的控制来保持比较长时间的竞争优势；而在互联网时代，物理资本变得越来越不重要。更糟糕的是：互联网时代的客户毫无忠诚度。互联网 + 帮助消费者突破了地域和场景的限制，实现了随时随地在线，随时随地社交。这直接导致了企业的马太效应，注定了强者越强、富者越富、贫者越贫、弱者越弱。

在瑞星和江民时代，我们为一个序列号就得花上 200 大洋，于是各种破解补丁是大家的最爱，再往后，周鸿祎携“免费”的 360 安全卫士而来，所谓的“羊毛出在猪身上，让狗买单”，于是大家又毫无疑问地“造反”了，拥戴着周鸿祎登上纳斯达克的宝座，而此时，谁还记得瑞星和江民呢？它们早已被自私善变的消费者冷酷无情地撕碎扔进历史的尘埃里了。

互联网 + 时代的传统企业要如何才能获得日益挑剔、动不动就要造反的消费者的注意力和信任感？其实就是流量和黏性，这两项无疑是两道极难闯过去的鬼门关。有高手总结过："一位商人的商业能力的高低，取决于他能为自己的生意导入多少流量；而一位老板的赚钱能力，取决于他能多狠地黏住客户"。一语道破天机，将互联网+时代的传统企业的要义全兜了底。

在昂首阔步的互联网+大道上，现存的所有商业组织其实都是传统企业："90后"创业者卖避孕套、卖飞机杯，与整天琢磨着SEO（搜索引擎优化）的程序员也没啥区别，都是为了流量。"反常即为妖"，所有哗众取宠都是为了导流量；有流量才有明天，才谈得上产品体验、交互设计、参与感塑造等黏性问题。

以感性的消费预期吸引客户，解决尝试率问题；再以卓越的产品体验黏住客户，解决重复购买率问题。这就是互联网+时代营销的所有真相。套用互联网的术语就是：通过包装形象和炒作，获得流量与转化；通过产品体验和服务，获得日活量。一句话："品牌就是终极的包装，包装就是最直接的品牌。"这里面的包装不仅仅是平面设计，还包括了概念炒作、事件营销和公益慈善等。这也解释了为什么做媒体的人更容易在互联网+时代出位：陌陌的创始人唐岩，炒作"褚橙"出名的本来生活的喻华峰，"一生只送一人"且绑定身份证号码的Roseonly，一支笔换来赫赫盛名的书生吴晓波，当然还有20世纪90年代凭借9个字赚了200多万元的新华社记者出身的第一批营销策划人。

如今的竞争已经不再是线性的、板块的、结构性的竞争，而是指数级别的、超维度的、全方位的竞争。当年诺基亚为了保住市场老大的地位，要求自己永远要比行业第二名高出一倍的市场份额。结果呢？从来没想到的苹果杀了进来。其实从这个角度来看，消费者造反不见得是一件坏事。尤其是新企业和新业务绝对是天赐的崛起良机。以前你上不了央视、请不起明星，现在只要产品足够优秀，就有可能产生口耳相传的病毒效应，获得海量的注意力和尝试率。如红遍全世界的老干妈、台风式增长的小米手机。

另一种迅速搞定消费者的方法，就是滴滴快的式的“用钱砸”。三年时间渗透率达到70%，在全国360个城市拥有135万个活跃司机和100万辆出租车。这种不催眠不洗脑、你消费我埋单的土豪精神，十分精明地将广告费变成了用户数，用高效无阻的顺畅体验实现了重复购买和商业循环。这可是淘宝耕耘零售行业、团购开垦餐饮行业，10年辛苦也达不到的效果。

互联网+时代存在什么特点呢？在我看来，互联网企业“随变”、传统企业“衰变”。

互联网企业“随变”。互联网行业对消费者需求的敏感和随意组合生产要素的轻资产模式，使它想变身成什么，就变身成什么。如小米切入手机、路由器、净化器、移动电源；乐视切入电视、影视拍摄、智能汽车。互联网+时代本质上就是互联网经济，互联网成为最强有力的生产要素。有了这个有力的工具，互联网公司可谓摧枯拉朽，势不可挡。

传统企业在“衰变”。互联网的平台策略、资本优势和超线性的爆发式增长，使传统企业家们以前得心应手的产品理念、渠道策略、促销政策、传播方法，似乎一夜之间全“落伍”。销量一天天跌落，竞争对手的行业宽度越来越大，不确定性越来越多，科技的创新和商业模式的颠覆，让传统企业日益衰落，寝食难安。

未来10年企业的进化，最直接的驱动力依然是“动不动要造反的消费者”，正是他们古灵精怪充满个性化的需求，倒逼着各类企业审时度势和自我成长。

族群出现了

移动互联时代，怎么创业？创业中应该注意什么？创业的环境究竟发生了什么变化呢？汤姆·海斯和迈克尔·马隆所写的《湿营销》提到一个大趋势：族群出现。

中国有句老话："物以类聚，人以群分"，讲的就是人类天然具有成群结队迎接挑战的天性。这一点贯穿了人类的整个生存发展史。海斯和马隆认为：互联网的出现，深刻地改变了人类群体的构成方式，世界变得越来越缤纷多彩，复杂多变，破裂成无数个小群体；另一方面又在逐渐汇聚成令人难以想象的巨大而混乱的整体。

人群被撕碎了，对企业而言，市场自然史无前例地破碎成无数个利基空间。消费者随机而无序地以新式群体面目出现，他们在每一分每一秒钟自由组合，新的族群诞生，旧的族群消亡。传统市场营销中的 STP 法则越发失效，随波逐流、见缝插针式的市场行为成为最有效的方式。寻找潜在市场成为一个不可能完成的任务，因为正如马隆所说："往往还没来得及分析，利基市场就已经消失不见。"

无论是蒸汽机引导的第一次工业革命，或者是电气化驱动的第二次工业革命，从来没有像互联网+时代这样，面临如此挑剔难缠的消费群体。互联网+时代的族群的显著特征就是熟人社交。移动社交网络是以熟人为核心重新构建的，因此族群和朋友圈成为影响整个社交网络的关键。这种全新的营销推广方式彻底颠覆了既往的工业化营销体系。这是典型的“Web2.0”。

Facebook品牌设计总负责人、前谷歌高级UX研究科学家保罗·亚当斯（Paul Adams）认为：网络经历了三个发展阶段。第一阶段是将文档链接在一起，使用网站时，我们并不能与其他人互动。第二阶段是一些网站开始设置评论栏，人们开始拥有与其他人互动的机会，也就是在原有的页面上植入社交行为，增添社交网络链接。这两个阶段都属于Web1.0时代。第三阶段即社交成为网站的重要特征，网站围绕人来搭建，这才是所谓的“Web2.0”，其实质是对人类群体生活的模拟和对撕裂混乱、缤纷多彩的族群现实的追赶。

整个互联网正从文档与文档的链接、初级的互动，到彻底的人与人之间的联络。在虚拟的网络世界里，个人的信息和他的联系人圈子会彻底跟随：与朋友一起购物、旅行、点评分析某个产品和某个明星，在重大事件如升学、就业、择偶等方面受到朋友的影响。所以我们变成了一个个分裂的、大大小小的族群。正如保罗·亚当斯所说：一切以人为核心的企业将蒸蒸日上，业绩表现甚至会超过行业老大。蓬勃发展的企业一定是深谙人际关系之道的企业。

人是社会化动物，本能地渴望与其他人建立联系。随着移动互联网的发展，基于移动社交媒体的人类行为将与生活中的人际交往趋于一致。用数据来证明：中国互联网信息中心（CNNIC）统计，2014

年中国13.62亿人中手机注册人数已经达到12.4亿人，渗透率达到91%；中国拥有7亿的智能手机注册用户，每天手机上网超过4小时以上的达36.4%，在线应用中的第一名就是“即时通讯”。以Facebook、Twitter、微博、微信为代表的社交化网络媒体，开始成为企业用来塑造品牌和传播信息的绝佳平台。2014年微信公众号就已达到580万个，且每日新增1.5万个；微信广告自助投放平台已拥有1万家广告主。

族群之间的沟通越来越数字化，面对面不聊天，却通过微信互动的“奇怪”现象成为常态。族群的缥缈不定让企业头疼不已，往日无比忠诚的顾客越来越见利忘义，狡猾无比，并且能第一时间识别出营销动作，而且积极地抵制各种营销行为。一个人就是一个最优秀的品牌代言人。因为他的传播半径就是自己的族群——朋友圈，亲朋好友是他最信赖也是最信任他的群体，被他影响到的亲友又去影响亲友的朋友圈。假设一个人通常有200个人左右的朋友圈，那么这样依次影响下去，就是200的指数级爆炸式传播。

可以说，移动互联网撕碎了世界版图、模糊了产业边界、煽动了消费者造反、促成了族群的出现。但，幸好，我们有病毒营销。曾经的口碑营销，在沉寂15年之后重返江湖，营销变得越发迷人，营销对价值的创作变得越发单纯有力。

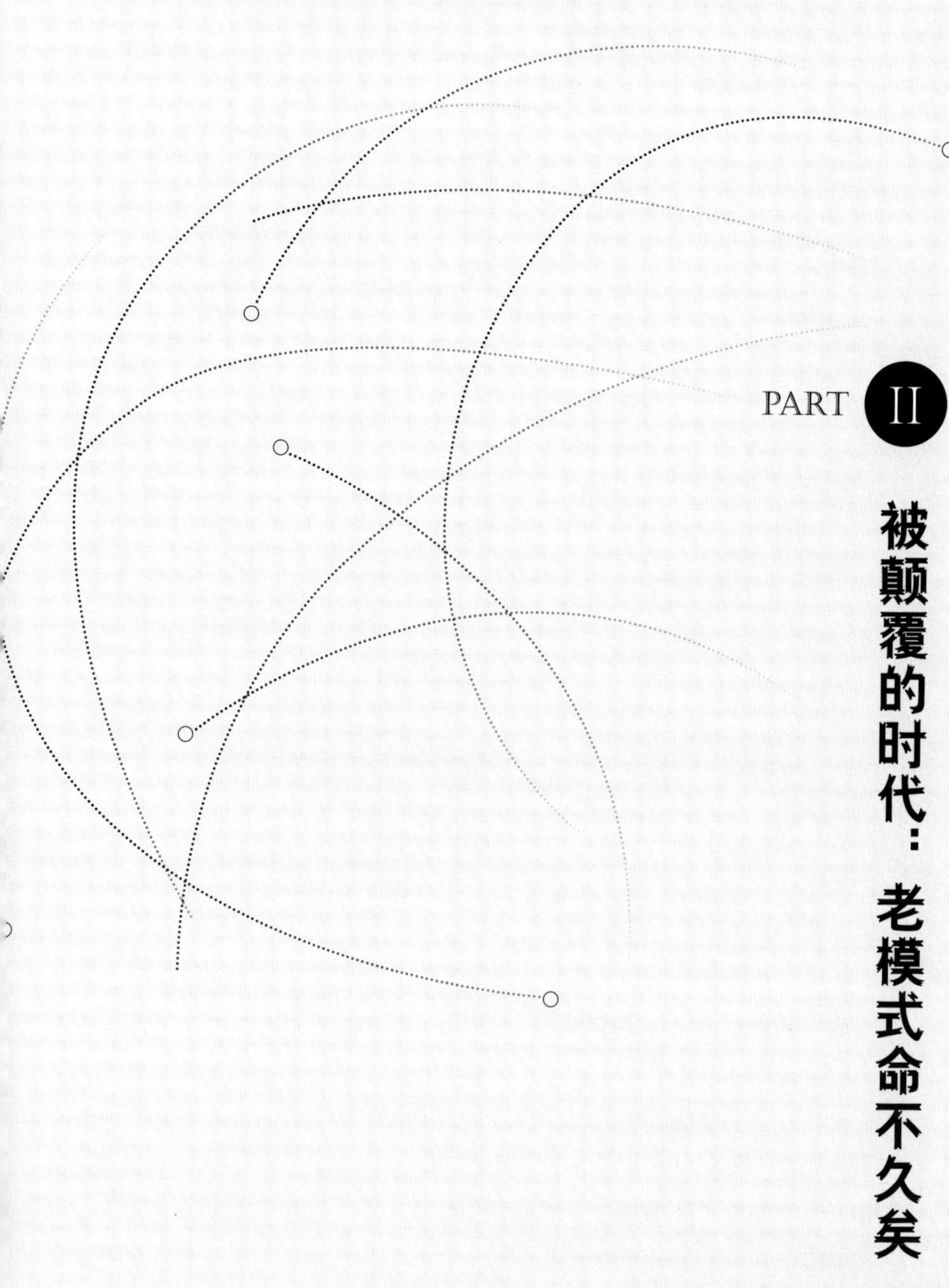

PART II

被颠覆的时代：老模式命不久矣

我们正处在一切商业思维被颠覆的大时代。互联网＋彻底颠覆了既往“大生产、大传播”的工业化营销模式。移动互联已渗透至社会生活各方面。“媒体＋社交”兼备的移动社交网络，凭借牢牢黏住用户的“工具性”和“娱乐性”的双重价值，为企业品牌塑造和渠道传播提供了绝佳的平台。

一夜之间被革命，黄金变黄沙

世界破碎、边界模糊、消费者造反、族群出现，这四大趋势的出现使企业的未来波诡云谲，充满悬而未决的风险与机遇。

互联网＋时代，企业的生长方式有且只有两种：一种是技术本身创造市场和消费者，如特斯拉、云计算、大数据；另一种是通过技术来改进产品和拓展业务，如滴滴快的和美团网。族群的出现其实更适合第二种公司，毕竟能成为乔布斯和马斯克（Elon Musk，埃隆·马斯克，特斯拉 CEO）的人凤毛麟角。

互联网＋实业的方式，从根本上改变的是价值创造的效率和效果，而且互联网天然而独特的传播模式，正一刀刀切掉了“非价值创造”环节的蛋糕。互联网帮助普通的个体跨越了几百年铸就的专业屏障、权威背书和成长路径，获得充分平等的价值释放。互联网就像一根针，刺进不同的行业，就会带来抽搐、战栗和彻底地改头换面。而这，正是互联网＋时代的所有真相。

我们来举例子，你想打车，目的是实现移动，所有找出租车的环节要被互联网革命掉，于是滴滴快的出现了；你想吃饭，目的是食物，餐饮环境和送餐环节要被互联网革命掉，于是美团、饿了么出现了；你想旅行住宿，目的就是睡一觉，于是Airbnb出现了；你想打广告，目的是宣传产品，电视台等从中分利的环节被互联网革命掉了，于是自媒体营销出现了。

一夜之间被革命的怎么办呢？出租车司机围攻滴滴快的，笔者去苏州出差，出租车师傅抱怨：以前价值70万元的个体出租运营牌照，自从滴滴快的出现后，现在连30万元都卖不出去。还有其他的例子：以前装修豪华的餐厅，接二连三地倒闭；以前鼻孔朝天的报纸、电视台，现在只能挖空心思，启动所谓的“报网互动”策略，不得不转型新媒体。

正如微软（中国）公共事业部战略合作总监刘润先生总结道：“过去的线下经济时代，广告和渠道，把一些二流的产品卖得比另外一些二流产品更好。互联网没有办法把二流的产品变成一流，但互联网在大大缩短了广告、渠道等传递价值的环节之后，让一些真正一流的产品可以用最短的距离接触到消费者，让真正一流的产品可以拥有最多的用户，享受更大的价值。”

一夜之间被革命，黄金变黄沙。我们正处在一切商业思维被颠覆的大时代。互联网+彻底颠覆了既往“大生产、大传播”的工业化营销模式。首先，它以碎片化、多对多、集群分层、交叉影响的口碑形态、传播与生产合二为一的立体网状群组式传播模式，彻底颠覆了传统企业以往一对多强势洗脑的传播模式；其次，它以化整为零、去中心化、成本透明和放大效应，彻底颠覆了传统企业与消费者的地位关系，使消费者变得前所未有地主动和强势；再次，它以创建令人上瘾着迷的内容作为塑造品牌的关键手法和方式，彻底颠覆了传统企业围绕传播渠道、大砸费用等低端的品牌打造和竞争模式；最后，它以集成了虚拟性、体验性、参与性、价值观和互动娱乐性等“大产品”的概念和外延，彻底颠覆了以往只注重功能和使用价值的企业产品设计与运营策略。

移动互联已渗透至社会生活的各方面。“媒体＋社交”兼备的移动社交网络，凭借牢牢黏住用户的“工具性”和“娱乐性”的双重价值，为企业品牌塑造和渠道传播提供了绝佳的平台。

移动社交网络是以人为核心重新构建，族群和朋友圈成为影响整个社交网络的关键。这种转变颠覆了既往150年的工业化营销模式，使传统企业迅速陷入被动、迷惘和艰难的境地。

第一，它彻底颠覆了企业的营销信息的传播模式。信息传播不再是自上而下、一对多、单向线性传播，而是多对多交叉影响、传播与生产合二为一的立体网状传播。

第二，它彻底颠覆了企业与消费者的地位关系。化整为零地去中心化、成本价格的透明化和蜂群效应，使惯于被动接受信息的消费者，变得前所未有地主动和强势。

第三，它彻底颠覆了企业的竞争态势与竞争方式。移动社交时代，每个人都是一个品牌，企业将面临全方位、多层次的惨烈竞争。目标受众生活方式的改变，也迫使企业必须全面改变竞争的方式。

第四，它彻底颠覆了企业产品设计与运营策略。以前的产品是实用价值和阶层身份的总和，现在的产品是广义的概念，它集成了功能、体验、参与、价值观、娱乐互动等多重角色和要求。以往大生产、大传播、大流通模式宣告终结，企业产品运营变得异乎寻常的复杂和艰难。

如何保证企业、产品和品牌内容能被社交网络广泛分享和传播？即品牌内容如何实现病毒化？这是对营销者、广告人、企业家真正的挑战。如何让你的产品像病毒一样流行？答案就是——病毒营销。

笔者用三个词：“拉式策略”“价值提供”“互动参与”，来总结病毒营销。

拉式策略。是区别于既往打断式和干扰式营销，吸引受众的兴趣，提供信息、娱乐和互动的同时，将企业和品牌传播出去。

价值提供。是对营销者、广告人更高的要求。你的认知速度和质量，必须超过受众、超过同行、超过现状。

互动参与。是内容营销的核心，推广活动化和产品参与化，现在已经成为趋势和标配。

最常用的传播病毒的渠道是传播基础、激励基础、趋势基础、秘密基础，然而病毒营销的创意属性，能够实现信息传染无穷无尽的潜在形式和通道。

创建成功的营销活动的最终目的是创建病毒信息。这种病毒信息必须是个人（受众）所喜欢的。具有短时间内被传播的高可能性。病毒营销被当作贬义来使用，被称为隐秘营销，将产品广告推送给客户，而且要让他们不知道自己被营销了。

2015年除夕全天，微信红包收发总数为10.1亿个，是2014年的200倍；QQ红包收发量为6.37亿个。仅仅两天时间，微信绑定了2亿张个人银行卡，干了支付宝8年的事情，如果30%的人发100元红包的话，就能形成60亿元的资金流动。如果延期一天支付，以月息2%的民间借贷计算，每天的保守收益就是420万元，若30%的用户没有选择提取现金，腾讯就能得到18亿元的无息现金沉淀。微信红包就是充分地利用了好玩、有趣、讨红包的中国人过年的传统习俗，让大家可以在微信里互相祝福，感受新年的乐趣。

05 营销信息和传播模式被颠覆

优步上海总经理王晓峰认为："这十几年中国互联网很大的变化是社交媒体的出现。在没有所谓的社交媒体之前，人们获得信息，无论是新闻、活动还是广告的信息，更多的是单向的。但是今天，大家可以随心所欲地发表意见，你会发现，社会上整个成功的模式，从正三角（厂商、媒体、用户）变成倒三角（用户发布声音、影响大号内容跟进、普罗大众）。所以，设计活动的时候，你不是要去讨好媒体记者，而是讨好一万人在社交媒体上去发声。这成千上万的用户会影响谁呢？会影响微信的公众号，他们会非常快地跟进，如果发现有十几个公众号来跟进，传统的网站就会跟上，然后再返回来影响普罗大众成千上万的用户。"

根据 InMobi《2014 中国移动互联网用户行为洞察报告》，移动互联网已经在娱乐、信息获取和沟通这三大应用领域全面超越了个人电脑网络。移动社交媒体凭借大数据、传感器、LBS 定位技术、NFC 近场通信技术和在线支付系统等科技支持，消弭了人类沟通互动和商贸交易的时空障碍，建立起“人与人”“群体与群体”“企业与消费者”“网络与传统商业”之间崭新的对话机制或协同机制。无处不联网，处处皆数据的时代已经到来。

移动社交媒体，这种以科技为内核，兼具通讯、娱乐、社交和媒体功能的新生物，展现出极其蓬勃的生命力并彻底颠覆了企业的营销信息的传播模式。对于传统企业而言，其核心价值在于“供需一体化”。一方面，通过移动设备和APP将需求信息以极高的效率精确地传递给供应商；另一方面，将企业产品和品牌的信息传播给消费者和潜在消费者。前者依靠互联网天然的传播属性，后者则体现出营销信息的传播模式发生了翻天覆地的变化。

移动社交新媒体对企业营销信息的颠覆，笔者总结为四点：互动颠覆自上而下、碎片化颠覆集中式、社群化颠覆一盘散沙、自产自销和产销融合颠覆产销分离。具体见图2-1。

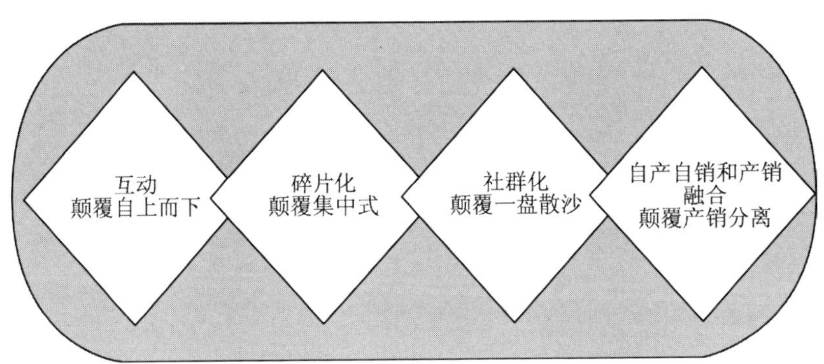

图2–1　移动社交新媒体对企业营销信息的颠覆

互动颠覆自上而下

互动颠覆了自上而下。移动社交媒体最核心的特点就是“互动”，而互动的本质又是平等。传统营销的传播模式是由内而外的线性思维，首先提炼企业想要表达什么，然后自上而下地传播出来。没有反馈和沟通，效果当然越来越差。而互动则是即时反馈，随时更新，不断迭代，要求最精准和投资回报率最高的传播方式。在信息爆炸的互联网+时代，没有互动和参与就没有营销。

碎片化颠覆集中式

碎片化颠覆了集中式。之前传统营销的传播节奏或者是“晚上8点的黄金时段”，或者是三大门户网站，都属于集中进攻性的。但移动社交媒体撕裂了受众的时间，每个人时时刻刻都在线上。当然有所谓的饭后睡前等时间节点，但整体上触媒时间碎裂得零零碎碎毫无规律可循，消费者注意力的碎片化直接导致媒介影响力的碎片化，这简直令传统营销束手无策。

社群化颠覆一盘散沙

社群化颠覆了一盘散沙。传统营销的传播对象是大众，更是个人，是万千个人组成的“一盘散沙”的大众。传统营销的传播策略相当简陋和粗糙。对受众的界定中，只有年龄、薪酬、职业、爱好等简单的特点画像。而移动社交新媒体时代的受众则完全不一样。他们已经强大到组建自己的“兴趣帮派”，如微信群等。这种非正式组织联系紧密、相互信任，有所谓的意见领袖，但根基脆弱，随心而动，说退出就退出，说解散就解散，而且群与群之间没有管理，很难将一个营销内容从一个群有效率地洞穿至另一个群。传统营销的传播，以个人当作大众，而移动社交媒体时代，必须以狡猾的、无数个小群体作为传播目标，需要完全不同的打法。

小米手机在2011年的销量为21.5万部，2012年为719万部，2013年为1870万部，2014年为6112万部，2015年超7000万部。雷军就是通过出色的论坛、微博和互联网营销，营造话题和事件，以极低的成本将小米网做了起来，而小米网自身手机的销量占所有销量的70%，成为继阿里和京东后的国内第三大电商。这种全力以赴做自媒体的策略，完胜一盘散沙的传统营销。

自产自销和产销融合颠覆产销分离

自产自销和产销融合颠覆了产销分离。传统营销是企业和厂商作为营销动作的发出者，如同打猎一样，消费者都是被动“挨枪子儿”的角色。企业自己生产“弹药”（营销内容），通过传媒（电视、报纸、杂志等）发射出去，中了枪的消费者才会购买企业的产品。而移动社交时代，微博、微信、人人网等平台并不生产内容，内容需要用户自己生产、相互消费，企业其实是被排除在外的。既然受众的注意力都开始归集至此，企业无论如何也必须掺和一把，借助受众的口去曝光自己的品牌和卖自己的产品，也就是王晓峰所说的从正三角（厂商、媒体、用户）变成倒三角（用户发布声音、影响大号内容跟进、普罗大众）的传播模式。

总而言之，如今的信息传播将不再是自上而下、集中式、一对多的、单向线性传播；取而代之的是互动化、碎片化、生态社群化、多对多交叉的、传播与生产合二为一的立体式网状传播。

“罗辑思维”的创始人罗振宇是典型的传统媒体人转型新媒体的例子。他详细解释过两者之间的区别：“传统媒体是‘内容—渠道’之间的二元博弈；自媒体是‘魅力人格体—运营平台’之间的二元博弈。推动转型动力在于媒体作为信息渠道的价值在互联网冲击下不断贬值。传统媒体的价值枢纽是内容，自媒体价值枢纽是人格魅力；传统媒体影响力在于受众规模的扩张，自媒体的影响力在于应用场景的契合。”

传统媒体是自上而下的，传播方式是由专业的战略咨询、品牌咨询、广告创意，逐层落地，最终“海陆空”齐头并进传播给亿万受众；而移动社交媒体是多对多交叉影响。点赞、加粉、转发、评论，圈层式立体传播。传统媒体是一对多的传播方式，是大生产、大流通、大传播的必然产物；而移动社交媒体里，每个人变身为信息的生产者、传播者和消费者，三位一体。

传统媒体的传播是我说你听，而互联网+时代的传播则是首先得让别人主动谈论你，正如“三个爸爸”的创始人戴赛鹰曾经总结过：“一个信息要想被大家知道，必须具备很强的评论、转帖能力。”你必须具备极强的“话题创造能力”，才具备在这个时代生存下去的前提。就像农夫山泉的钟睒睒一样，你要善于挖掘和借势新闻点，正奇并用，创造社会舆论涟漪，获得更高的曝光度和品质口碑。你的话题信息要在关系链里流动起来，这是至关重要的。首先，你要创造出能流传开来的营销内容；其次，你要选择合适的平台、时机和传播者将信息扔出去，让它被刷屏、被评论、被探讨，最好成为现象级的社会事件。这就是移动社交时代的传播的精髓。

06

商业组织和消费者地位关系被颠覆

移动社交媒体彻底颠覆了企业与消费者的地位关系。化整为零的去中心化、成本价格的透明化和蜂群效应，使惯于被动接受信息的消费者变得前所未有地主动和强势。

正如《互联网周刊》所论述:“互联网让普通的个人穿越过几百年塑造的专业屏障、权威评价和路径依赖，获得平等而充分的展现机会，个人与个人力量的汇聚释放出以往不曾有过的创造力与自我价值。”

传统营销源于短缺经济时代，产品供不应求导致厂商强势，企业的营销自然单纯直接，以卖点提炼和粗暴洗脑为核心模式;移动社交诞生于丰裕经济时代，一切都是供过于求的红海。移动社交将传播的主动权还给了消费者，所以才会出现定制生产的商业模式，才会有小米售卖的参与感，才会有NIKE+。以前的消费者如同婴儿，只能回答Yes，或者No，而现在的消费者不仅站起来对企业指手画脚，甚至开始“抢夺”企业手中的生产、销售、广告创意等“神圣的权利”。

消费者之所以越来越强势，根本原因在于互联网的特点。互联网具有指数级别的倍增和放大效应，两家同样的产品，如果A比B的产品质量哪怕高出1%，就有可能在销量上差距达到100倍。因为一旦产品信息接入网络，严格意义上你面对的是全球的市场。这里面有一个因地域极度扩张而获得的数量杠杆的溢价。互联网公司反复强调的“产品为王”即源于此。因此，无论是传统企业还是互联网新贵，一定要让自己的产品和服务做到最专业、最好和最真实。因为在这个时代，信息是透明的，任何一个消费者都不是一个人在战斗，你根本就无法在同一时间忽悠和愚弄所有的消费者。

上面谈了商业组织和消费者的地位被颠覆，原先弱势的消费者日渐取得了品牌和企业的生杀大权。接下来再谈一下两者之间的关系被颠覆。

如果将2013年称为移动互联元年的话，那么2013年之前，企业在消费者面前是攻击者和教育者，消费者是防守者和被教育者。2013年之后，一切反过来了。在互联网+时代，消费者开始成为进攻者和教育者，产品成为消费者任意更改和点评的对象。曾有人问过小米创始人雷军：“你们如何设计小米手机？”雷军回答：“发烧友在网上提出他们想要什么样的手机，我们就按照发烧友的想法设计手机。”这就是“定制”的概念。

传统企业尤其是制造型企业，未来一定是按照个人的特定需求进行定制化生产的。消费者之间链接成网，将世界推入一个更高效的时代，并以族群的形式互动，对商业组织形成强有力的震慑。更严峻的现实是：消费者与商业组织尤其是企业之间链接成网，开始强势介入企业的生产、设计、营销等核心环节，更对产品和服务指手画脚、唠唠叨叨。

互联网+时代，信息成本和电子设备的低廉，帮助消费者冲破了专业门槛和精英堡垒，众包模式的兴起更使得社会资源重新梳理，任何人只要拥有技能和物质，都将成为商业组织的竞争者和颠覆者。只要有烤箱，你就可以通过微信、微博卖蛋糕；只要有房屋，你就可以通过小猪短租、Airbnb获得租金收入；只要有汽车，你就可以成为滴滴快的、优步的司机；只要有技能，你就可以变成兼职的老师；只要有电脑，你就可以成为一名写手。有一位叫天蚕土豆的年轻人，在网上写写小说，一年的收入就达到了3000万元人民币。正如刘润所言："互联网其实是用更高效率的手段，砍掉了很多传递价值的环节，从而进入了创造价值者的狂欢。"

在应对这一大变革方面，德国无疑走在了前列。工业4.0（Industry 4.0）是德国政府的国家战略，是以智能制造为主导的第四次工业革命或革命性的生产方法，通过充分利用信息通信技术和网络空间虚拟系统相结合的手段，将制造业向智能化转型。

工业4.0有两大主题：一是"智能工厂"，重点研究智能化生产系统及过程，以及网络化分布式生产设施的实现；二是"智能生产"，涉及企业的生产物流管理、人机互动及3D技术在工业生产过程中的应用等。该计划将特别注重吸引中小企业参与，力图使中小企业成为新一代智能化生产技术的使用者和受益者，同时也成为先进工业生产技术的创造者和供应者。中国首套工业4.0流水线也已经亮相第十六届中国工业博览会。

工业4.0绝不仅是技术迭代，更是制造业实现智能化、网络化和虚拟化的大变革。当传统企业只是把互联网作为广告发布和产品销售渠道的时候，社群、O2O、粉丝经济正风生水起。传统企业必须醒悟：互联网+，绝不仅仅是传播渠道和销售渠道，更是企业与用户实现交互的平台——企业通过与用户的交互来完善产品的设计，甚至是找到创新的点子；通过与用户的交互产生大量的粉丝，从而实现 B2C 模式向 C2B 模式的转变。这种转变，正是基于工业 4.0 所带来的商业与制造业的颠覆变革来实现的。

1992 年信息高速公路的概念出现，计算机成为以内容为核心进行构建的链接器。如今，人们的兴趣开始远离文件，转向他人。此时，手机和平板电脑成为人与人之间的链接器，人甚至成为手机的外设。总之，围绕人与人的关系重塑企业将成为必然趋势，而关注无可计数的、相互独立的、自成一体的小圈子将成为营销的着眼点和下手之处。

某位成功的电商老板，就是一个典型案例，他以“公知”的形象为众人所熟知，凭借知名度运营农产品，一年销售额达到 1 亿多元，这是一个依托流量优势挖掘长尾的典型案例。他在运营中发现一个规律：“你只能搞定特定的人物。”也就是说，互联网 + 时代，没有谁能像工业时代的电影明星那样让所有人都为之神魂颠倒，个人影响力只能影响自己的领域，只能辐射自己的族群和圈子。比如有一位前国家足球运动员组建的足球圈子，大家一起聊球踢球，场面十分火热，但有一次他组织了中医讲座和培训，却以惨败告终。这意味着每个人在某一个领域可能具有相当的影响力，但一旦跨界，往往不被认可，甚至有可能被鄙视和被嫌弃。

07

对企业的竞争态势和竞争方式的颠覆

《世界是平的》作者托马斯·弗里德曼认为，全球化分为三个阶段：第一个时期是哥伦布开拓新大陆，靠的是国家的力量；第二个时期是跨国公司推进了世界更进一步的融合；第三个时期是个人与个人之间在全球范围内的合作，使世界完全变成了一个村子。

小米成立6年，估值450亿美元；海尔成立30多年，港市深市加起来155亿美元。你以为你的对手是友商，其实你的对手是时代！

没有成功的企业，只有时代的企业：所有企业都将面临全方位、多层次的惨烈竞争，企业与企业之间的竞争方式也发生了颠覆性改变。2015年6月29日，可口可乐公司投资了卫星互联网公司（OneWeb）；星巴克向手机支付提供商Square投资了2500万美元；一直在移动互联风口浪尖的小米公司，开始玩“小额贷款”了，小米旗下全资境外子公司出资5000万美元设立了小米小贷公司。这些明显是风马牛不相及的主营业务。促成这种现象出现的核心原因只有一个：互联网+时代来了，大家都得迎头赶上。

互联网+时代的竞争完全不同于旧经济。在工业时代只有买卖没有互动，而新经济竞争的核心无非是客户体验和满意度，争抢消费者的关注。体现在移动社交上就是微博粉丝、微信关注，账号后面才是活生生的用户。在互联网+时代，消费者购买你的商品才是营销的开始。只有通过不断的弱沟通才能最终变成强关联，才有可能成为你的品牌的 fans 或者 supporters。

经济越来越虚拟化。生产、管理、营销等环节，对数字技术的手段、工具和策略要求越来越高。2014 年移动互联用户的数量在全球达到了 52 亿，其中智能手机占 60%，达到 31.2 亿。信息的全球同步使每个人都可以成为一个商业组织，使每个人都成为一个品牌。

数字化对企业最直接的利益就是：营业收入增加和消费者沟通效率提升。互联网+时代，小米手机战胜了中兴、华为、酷派和联想；乐视 TV 令创维、海信、TCL 等往日巨头如坐针毡；新媒体的小编一篇文章上万的转发量和 100 多万的浏览量让传统报纸、杂志相形见绌；罗辑思维的 800 万会员让正经中国传媒大学毕业的央视主持人自叹不如。

借助互联网+顺势而为，让品牌打造比 10 年前快了 10 倍，当然，也令奋斗 10 年的成名企业，面临着一夜之间回到解放前的危险。

2015 年 6 月 20 日，传统快餐大鳄麦当劳推出了一种炫酷的定制汉堡服务。消费者在自助点餐机上选择喜欢的汉堡、牛肉饼、蔬菜和口味，下单后支付，就等着美味端上来了。为了这项服务，麦当劳准备了 6 类 24 种食材，所有的初衷都是为了“赢得年轻人的心”。即便如此，能否扭转不健康食品的形象，一切，还都是未知数。

中国最大的鞋履生产和零售商百丽 2015 年财报显示，同店销售额下降 7.8%，门店净减 167 家，这个拥有 1.97 万家门店、年销售额 400

亿元的“中国鞋王”相当于每两天关一家店。为什么会这样？

电商！去掉中间环节的电商企业，以更低的价格、更新的款式满足了消费者“快时尚”的需求，这就是传统商业模式节节败退的原因。当传统企业面临着物流、人工、租金等成本的节节攀升，而小企业甚至家庭作坊，借助移动互联网的东风，以更低的价格、更新颖的款式杀到你面前，抢夺你的消费者时，你该怎么办？这就是互联网+时代对企业竞争态势和竞争方式的改变。为此，百丽也上线了自己的电商平台——“优购网”，但2014年收入20亿元，仍然是不温不火，仅仅是盈亏平衡，未来发展前景十分有限。

连互联网时代的悍将周鸿祎也说过担忧的话：“你以为移动互联网的载体是手机吗？未必，未来可穿戴的各种智能设备，甚至汽车、灯泡都有可能，我们是否做好了准备？答案是，我也不知道。”

对传统企业而言，还需要熟悉甚至铭记在心的就是LBS的导入和流畅紧密迅捷的圈层文化。前者使竞争从最初的线下厮杀、线上抢眼球，发展到现在的线上线下相结合、相互赋值，实现最大化客户体验的目标。同时，全球化进程的加速极大地降低了创业的门槛，一切有门槛的都可以外包，从而实现没有门槛，一个人就可以是一家企业，一个人就可以与一家员工上万的企业竞争的奇特时代。这样的结局自然全方位地加剧竞争，使企业开始面临前所未有的压力和挑战。

有朋友问，O2O为啥这么火？笔者认为：互联网本身在国内已经进入瓶颈期，必须互联网+实业，才有大突破和大利润。未来10年，是具有互联网策略的实业企业崛起的大好良机。BAT本身将隐身幕后当金主，中高层以下的互联网人将纷纷被离职。

传统的竞争优势是基于垄断资源、特定传播渠道、专利技术、先发优势，甚至是明星企业家的光环。而未来，一切不能实现用户增值的环节，都将被革命。“一切行业皆是媒体，一切内容皆是广告”，这句话是移动社交媒体最振聋发聩的宣言，也标志着任何品牌的竞争都将是对受众注意力的厮杀和抢夺。当传播渠道和终端日益便捷而雷同时，内容的价值将愈发凸显。企业的工作方式将如同媒体公司一样，产品只是载体，企业经营的本质将是注意力。企业面临的竞争挑战将是：如何不断吸引属于自己的目标客户（或称为粉丝），为他们生产和创造内容，在一起愉快玩耍的同时获得更多更长久的商业利益。这才是移动社交时代企业真正的竞争方式。

08

对企业产品设计和运营策略的颠覆

“任何产品皆是广告”。移动社交媒体彻底颠覆了企业产品设计与运营策略。以前的产品是实用价值、使用价值和阶层身份的总和，产品设计关注的是实用性、性价比和功能性，归根到底售卖的还是产品本身；而现在的产品则是广义概念，你可以界定苹果手机肯定是产品，那苹果倡导的“与众不同的思考方式”和“Stay Hungry, Stay Foolish”的价值观是不是产品呢？移动社交时代的产品是真正的“大产品”的概念，它不仅仅是功能、体验，还包括参与感、价值观、情怀和娱乐互动等多重内涵，消费者和产品互动的每一个环节都将是产品的一部分。

19 世纪以来的工业化大生产时代所带来的大生产、大传播、大流通模式正在逐渐走向终结，以到达率为指标的运营策略也在寿终正寝的过程中。但互联网 + 时代的关键词是“内容”，以内容制作实现品牌增值，实现传播赋值，实现 O2O 贯通，最终实现产品营销业绩的提升。这种全新的产品运营策略，对于传统企业来说，已经变得异乎寻常地复杂和艰难。

对于互联网企业而言，设计出系列产品，在互联网上接受消费者检验，优胜劣汰，根据数据和曲线确定“爆款”，巩固胜利，再加以改进，最终进行全面推广。

但是这种做法，对于传统企业来说却成本极高。传统企业讲究规模化生产，比如一家饮料公司，由于缺乏互联网工具的帮助，只能通过真实的销售数据、费用比例等市场反馈来确定方向和迭代产品。首先，研发配方，保守估计得10万元；其次，购买原料，估计得20万元；定制100万个罐子，估计得70万元；最后，OEM生产，估计要30万元。全部下来一共得130万元。而这一切还都是在产品未上市之前就需要付出的成本。

再举个例子——海尔。传统企业的生产流程一般是调研部门考察市场，经营管理者进行决策，生产部门打样出样品，进而大规模投产、物流运送、销售促销等。任何一个环节的失误都将造成产品滞销，企业亏损，进而陷入恶性循环：产品滞销—库存积压—亏损加剧—营销乏力—产品滞销—库存积压……需求是企业的根基，海尔在网上建设了全球首个用户交互定制平台，与潜在客户互动沟通，与设备商、供应商一起参与产品设计，同时客户还能看到后端互联网工厂的生产过程。“用户在哪里，我们就去哪里交互”，让用户能够零距离地参与到产品设计、制造和营销中去。海尔认为：“未来用户将成为工业的起点和终点，全球工业的发展趋势将从大规模定制过渡到专属化和个性化。”

基于适销对路的设计自然不愁销量，下一步就是能否在生产上不掉链子。海尔从2012年开始就在沈阳筹建第一家“互联工厂”。在这里，成千上万个零件组成的冰箱也能像做西装一样根据用户的需求量体裁衣。在仅有 7.8 万平方米的工厂里，同一条生产线竟然能生产 500 多种型号的冰箱，而员工规模比传统工厂要少一半。这种互联工厂相当智能，它实现了人与人、人与物、物与物之间信息的自动传递，遍布厂内的一万多个传感器充分实现了生产的“柔性”，满足了大规模定制的需求。

生产完了，如何销售呢？随着城市化进程的加速，白领族群的壮大，现实生活中交通堵塞、排队结账等现象令白领挠头。这种直接需求汇聚成一种崭新的趋势，那就是令传统企业抓耳挠腮且不得不面对的一个大趋势：销售电商化。随着互联网 + 的发展，网络购物热潮发展迅猛。从 1998 年国内第一笔电子商务交易成功，到 1999 年中国互联网高潮；从 2000 年 700 多家电子商务公司相互厮杀，到 2001 年仅剩下三四家 B2C 网站，再到如今的网络购物成为一种生活习惯。传统零售在以每年 20% 的速度缩减，而电商的销量在以 20% 的速度递增。拥有电商式的产品设计和运营策略思维的极其优秀的企业家不乏其人。

凡客诚品就是借助互联网 + 的东风，充分革新产品和运营模式的典范：2008 年销售额 3 亿元人民币，2009 年为 6 亿元，2010 年是 20 亿元，2011 年达到 39 亿元。文人出身的陈年率领凡客，以网络零售为契机，重新构建起全新的运营模式。凡客将电子商务和传统实体零售进行创新性融合，以网络平台和呼叫中心为服务核心，配合供应链管理、配送系统，通过对上游生产商进行成本控制和自我产业链管理，以高效的物流体系销售产品，赚取利润。如果不是因为 2011 年年末的极端乱价，凡客的文艺范儿和精致白领形象也不会跌落为廉价的代名词。

产品就是体验和服务，服务本身也是大产品的一部分。2009 年凡客推出“货到试穿”的创新举措。开箱验货，试穿体验，不满意商品，可当场退换货。2010年，“货到试穿”成为服装行业统一采用的标准。

绫致时装向来是电子商务探索的先锋。借助网络，绫致的1名普通员工在2个小时内能完成9900种商品活动的定义；145名员工在4天内完成12.5万张订单；15名员工在当天就能处理掉2.5万张订单；一天销售额就能突破2000万美元。当然电子商务实现的是放大和扩张。成功还是得基于行业本身的成功关键因素。例如对于服装行业而言，款式和价格无疑是消费者最最关注的核心，其他都是锦上添花，对最终的成功犹如浮云。正是抓住了行业的本质，ZARA、H&M等快时尚品牌才得以异军突起，后来者居上。

Web1.0是以一对多的概念为特征，而Web2.0则是以分享和分化为特征。这里面有四个特点：首先，是“去中心化”，意味着一定程度的失控在所难免；其次，是UGC模式①，即用户创造内容；然后，是社会化媒体；最后，是“社会化新闻”，即你获取的信息和新闻都是经过别人评价过的。在不远的Web3.0时代，云服务、大数据、机器人技术和虚拟网络等，将陆续成为现实。

对于传统企业而言，需要确定产品模式和运营的总原则是：高度专业化和高度垂直分工。互联网+时代严格遵循着“赢家通吃”的原则，任何生意必须严格基于独到能力和独到资源的前提。有些肉，看得见吃不着。企业家一定要将所有资源集中到自己最擅长的方面。

---

① UGC（User Generated Content）指用户原创内容，是伴随着以提倡个性化为主要特点的Web2.0概念而兴起的。它并不是某一种具体的业务，而是一种用户使用互联网的新方式，即由原来的以下载为主变成下载和上传并重。随着互联网运用的发展，网络用户的交互作用得以体现，用户既是网络内容的浏览者，也是网络内容的创造者。

09

传统营销的三大致命缺陷

本人先界定，把任何不运用移动社交媒体的营销方式都归为传统营销。移动互联网时代的创新纷繁复杂，定位创新、商业模式创新、营销创新、产品创新、组织创新。互联网+时代，商业策略完全变了，营销工具完全变了，传播手法完全变了，组织形式也完全改变。

一个24岁的小伙子，每天只工作2个小时，从来不用合伙人，也不用融资，更谈不上管理，一个人像上帝一样自由而独裁，36岁时将公司卖掉——卖了5.75亿美元！2014年2月19日，一家由2个年轻人创办的、只有不到32名工程师、一共存续期不到6年的互联网公司，被Facebook以19亿美元的天价收购。

10年前，世界被互联网一劈两半。一半是硬的，一半是软的。硬的是为了解决问题而生，如汽车、飞机、酒水、电脑、肥皂、电梯等；另一半是软的，是为了填充基本的社交需求，如友谊、婚恋、娱乐、沟通、忏悔、宗教等。现在，世界越来越软了，越来越虚化了，真正有价值的商业模式，正如万达王健林所追求的那样——软虚轻快。

10 年前，笔者在企业工作，当时企业广告费用差不多相当于每天要白送给电视台一辆奥迪 A6，大家哭着喊着争标王。现在，大家使用手机微信关注公众号，企业的品牌活动以微信公众号为载体展开。这样相比，拥有了低得多的营销费用，以及更加精确的传播对象和更加明确的广告诉求。移动新媒体的低成本甚至零成本的传播，将营销的压力统统转移到营销的核心，即“内容创作”上来了。

其实对于广告效果与销售之间的关联，30 年前美国已经有了。20 世纪 80 年代早期，媒体组合建模（Media-mix Modeling）技术出现，首次帮助营销人员实现了把广告活动与销售数据联系起来分析的功能；20 世纪 90 年代末数字营销出现，通过监测每一次鼠标点击，提高了评估广告和购买之间因果关系的可能性。传统分析法是回溯性的，无论哪种接触点——海报、网络广告、电视、电台、电子邮件和其他渠道，传统分析法都认为它们彼此毫不相干，各自独立地发挥作用。更糟糕的是，不同的营销团队、广告代理商和媒体投资人的运营也各自为战，采用的评估方法更是截然不同，但是他们争夺的是相同的资源——注意力。

《哈佛商业评论》详细阐述过整个营销广告中的策略思考主要基于两点：（1）这些广告接触点是如何进行组合和互动，并最终影响消费者的购买决策的。（2）在消费者的决策过程中，企业是否对正确的接触点进行了恰当规模的投资，并最终引发了消费者的购买行动？这种分析能揭示出那些真正影响销售收入的传播变量。这些数据驱动的发现让公司在保持现有预算不变的情况下，市场表现提高了 10 ～ 30 个百分点，有时甚至会更高。

此分析方法被称为“2.0 分析法”，包含三个广义的步骤：

第一步，归因。即量化广告活动各环节对销量的贡献，收集5个方面的数据：市场条件、竞争活动、市场营销互动、消费者反馈和业务回报。对媒介之间的协同效应进行量化。

第二步，优化。即在现今的预测分析工具帮助下进行情景模拟。有了第一步中收集和分析的海量数据，你便可以给每一个影响因素赋予一个弹性系数——一个变量变化引发另一个变量变化，两个变化量百分比的比值即为弹性系数。掌握这些弹性系数就能帮你预测每一具体变化所产生的结果。

第三步，分配。即根据优化结果，实时配置各类营销活动的资源。公司采用的分析模型包含数百个变量，它能精确地分析出最佳的广告组合。这个组合引发的软件试用次数最多，并且能给分销商带来最高的利润。

此外，分析模型还能评估一种产品的广告活动对其他产品销售的影响。获得这些发现后，公司将营销预算重新分配给不同的B2B、B2C产品。线下广告向网络广告的转移，以及在品牌建设上的投资，使公司的销售收入增加了数百万美元。随着互联网+时代的到来，我们都活在手机上，每天有4亿中国人着了魔地刷着微信。微信等移动社交媒体成了这个时代最强有力的注意力吸尘器。信息杂乱而又稍纵即逝，怎么办？

其实，要了解互联网+的本质，一定要了解移动互联网。而移动互联网的出现源于科技的发展，如大数据、LBS、二维码、云计算等，通过将人、物、数据相连，形成“无时不联网，时刻都在线”的情景。从这个角度出发，在移动互联网还没有大行其道之时，高德纳咨询公司（Gartner）就预计，未来5年内，大部分首席营销官（CMO）在技术上的预算支出将超过首席技术官（CTO）。

2015年，“大众创业、万众创新”“互联网+”“中国智造”等词汇频繁出现，国家的宏大愿景在企业层面迸发出欣欣向荣、蓬勃发展的活力，营销作为企业微观层面的核心职能，纷繁但又深邃。传统企业面临的挑战是：每一代人有每一代人的局限，每一代营销者只能搞定一代人，甚至只能搞定同一代人中的某个细分人群。

笔者依据实践经验认为，传统营销传播模式的弊端有三：漏斗策略、单边主义、流沙堡垒。

致命缺陷一：漏斗策略

漏斗策略（如图2-2所示），即常说的营销就是个概率题的意思。任何从事营销的专业人员，无论是工业化营销时代还是互联网营销时代，入门的第一门课或者需要掌握的第一个模型工具就是漏斗策略。传统营销首先要吸引潜在消费者的注意力，然后激发他们的兴趣，在反复刺激的过程中突破他们的尝试障碍，让其实现首次购买尝试，并继续强化其忠诚度，实现老客户口碑转介绍。漏斗策略的本质是源于营销效果的不确定性和营销效果的难以定量衡量。

这个缺陷导致的结果是只能根据经验主义来制定营销策略。笔者当年为某传统企业制订广告预算时，依据的就是行业数据，比如在广告投入占销售收入比例数据中：汽车行业占1.5%～4.5%，酒精和饮料酒行业占8.4%～9.5%，烟草行业占3.2%～8.7%，传媒娱乐业占2.2%～10.2%，软饮料行业占4.3%～9%，家用清洁行业占16.1%～17.3%，个人护理行业占10%～30.8%，等等。

投入比例清楚之后，下一步就是找到对标的品牌。如果你是做服装的大企业，那找耐克就可以，如某年耐克的销售收入是 65.4 亿美元，广告投入是 5.9 亿美元，占比 9%；百事销售收入为 224 亿美元，广告投入 9.6 亿美元，占比 4.3%；等等。根据营销目标、产品生命周期和竞品状态，从中逆推，制订出中规中矩的投入方案来。

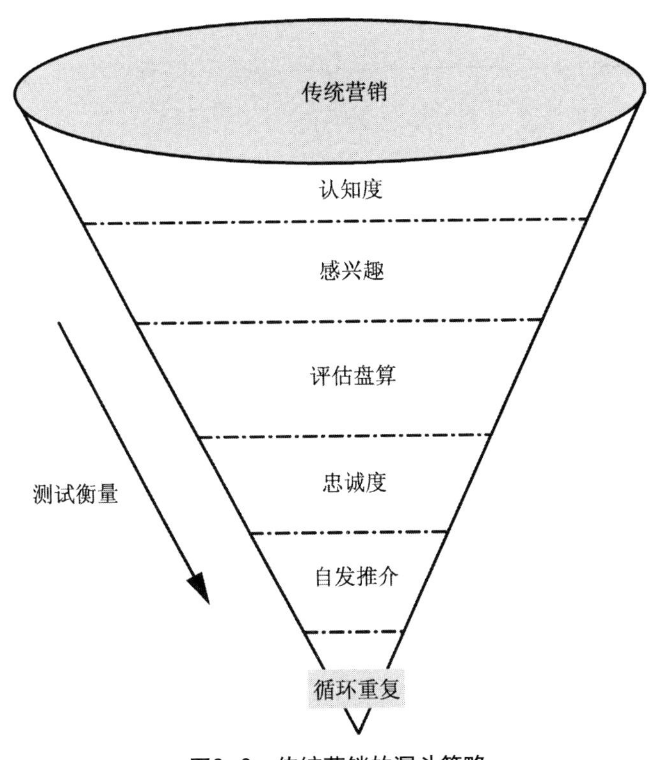

图2–2　传统营销的漏斗策略

一项针对企业 CEO 展开的调查显示，近 3/4 的受访者认为：市场营销人员总是不断要求更多的资金，却无法解释这些投入能够带来多少新业务。漏斗策略的逻辑是：输入漏斗顶端的流量越大，底端沉淀的目标客户就越多。精度很差，正如那句老话："我知道我的广告费浪费了一半，但我不知道是哪一半。"只不过随着数据、建模和自动化分析的介入，企业将能确保营销投资收益比、锁定消费者购买决策点、实现更加精准的广告投放，最终把握住营销杠杆的最佳角度和力度。

传统营销的模糊化、经验化的决策直接导致了第二个缺陷的出现：单边主义。

致命缺陷二：单边主义

单边主义，即一对多强势洗脑的意思。漏斗策略导致企业的营销人员十分关注漏斗顶端的流量，即如何引发大众的认知和关注，这一点对未来的销售业绩而言至关重要。通过电视广告、门户网站、搜索引擎，唤醒大众对产品和品牌的认知，比如多年来被啧啧称道的“脑白金广告”、著名的“恒源祥广告”、一天被点击掉几万元的关键字搜索广告，这种方式风险极高，但收益也极大。中国改革开放30年来，大多数让人耳熟能详的品牌都是电视广告创造的。

传统营销的传播模式是由内而外的线性思维，首先提炼企业想要表达什么，然后自上而下地传播出来。没有反馈和沟通，效果当然越来越差。而互动则是即时反馈，随时更新，不断迭代，是最精准和投资回报率最高的传播方式。在信息爆炸的互联网+时代，没有互动和参与就没有营销。消费者为主体的商业模式一定会成为未来的趋势——彼得·德鲁克在2001年认为：商业的主动权已从供应商转到分销商手中，在接下来的30年内，主动权一定会转到消费者手中，原因很简单，现在消费者已经能毫无任何障碍就能接触到全球的信息。

据《2014中国移动互联网用户行为洞察报告》统计，中国人目前每天接触电视的时间占接触总媒体的17%，仅60分钟；而手机、电脑和平板电脑的接触时间达到了246分钟，占70%（如图2-3所示）；其中44%的用户将手机作为他们首选或唯一的上网设备。注意力在哪里，营销就在哪里。17%这个数据已经直接宣告了传统营销的单边主义的终结和电视广告的衰亡。

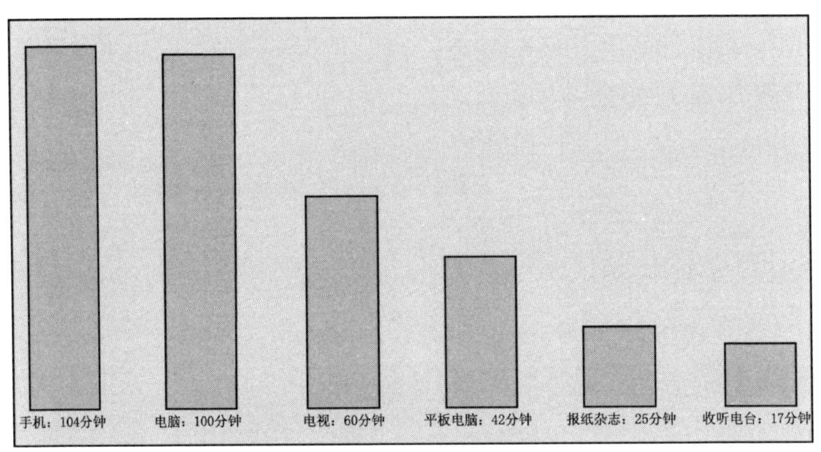

图2-3　中国人接触媒体时间统计

致命缺陷三：流沙堡垒

流沙堡垒，这一点本人在营销工作中深有体会。传统营销的问题在于关注的是“如何把货卖出去，如何完成从商品到资本的惊险一跃”，而没有用在“如何保持受众的注意力”和“如何累积和沉淀忠诚客户”。

互联网+时代的新营销，将产品卖出去只是品牌建立的第一步。只有立足移动社交媒体，致力于实现企业“变流沙为基石”，将生客变成熟客、将熟客变成好友，才能最终建立起深厚扎实的客户数据库和品牌忠诚度，实现“一鱼多吃、边养边吃”的策略目标。当然，若要想实现这一点，更需要从技巧、思路和组织结构上进行全面的转型。

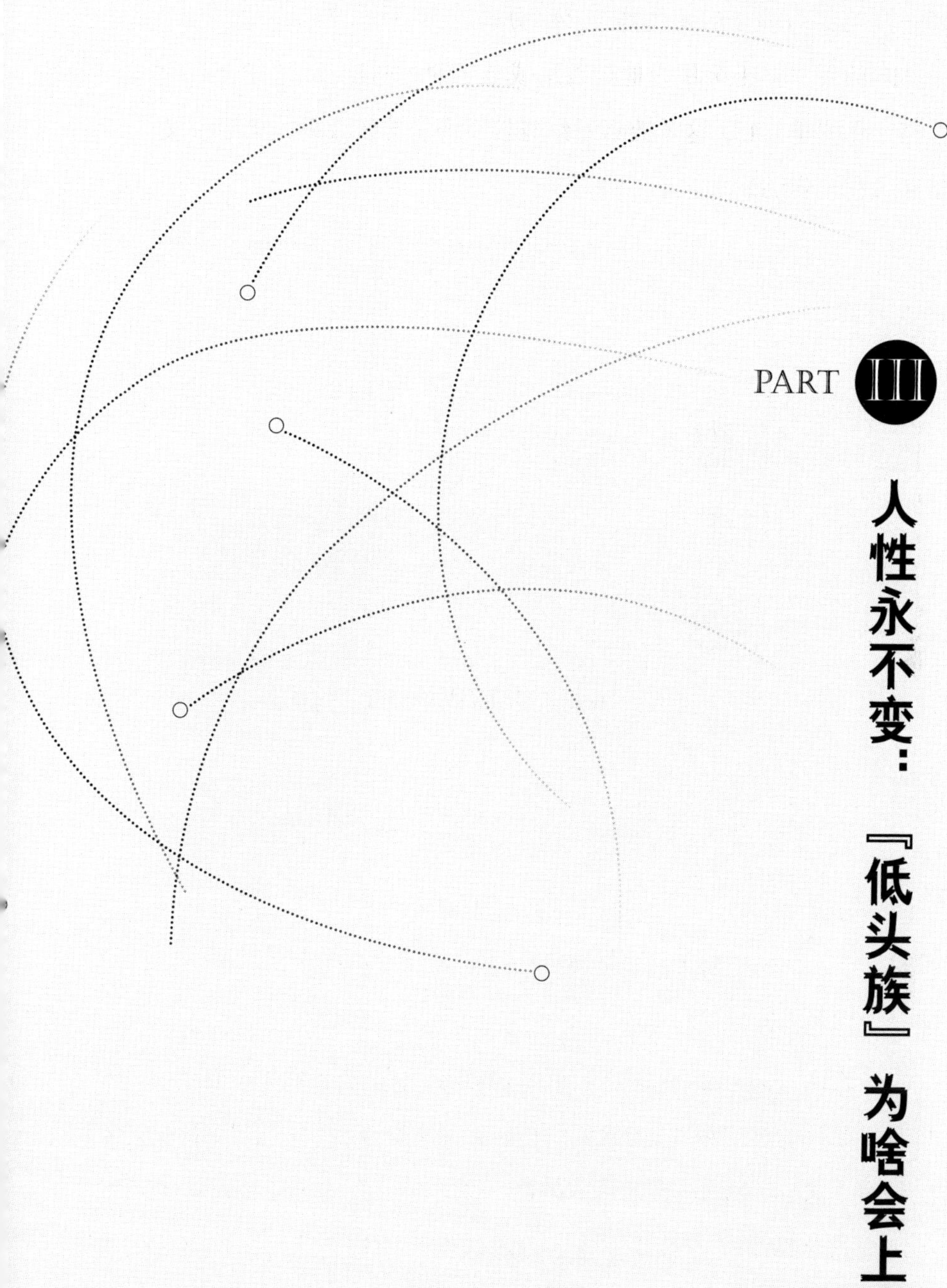

PART III

人性永不变：『低头族』为啥会上瘾

最近15年来，随着社交媒体尤其是移动社交媒体的兴起，昔日的口碑传播模式又焕发了勃勃生机与活力，信息的充分透明和社交的便捷，使人类的消费决策和生活方式最容易被身边的亲朋好友与邻居影响，大病毒时代意味着对社会心理学中“从众力量”的重新发现。

人人都是节点的大病毒时代来临

移动社交和Web2.0为人类社会带来的最大变化就是：通过移动互联设备（手机和平板电脑等），人们真正实现了随时随地在线，将人们彻底从客厅（电视）和书桌（电脑）前解放出来。同时，信息的极大充裕和大平台的巩固（如微信），使信息的传播模式发生了根本性的改变，以人为节点的大病毒时代全面来临。

口碑传播是最原始最正统的传播方式，伴随工业化时代的到来，规模化、标准化大批量的生产，必须要依靠以电视报纸为载体的大广告大传播，此时，小部落时代的口碑传播让位于主流媒体传播；最近15年来，随着社交媒体尤其是移动社交媒体的兴起，昔日的口碑传播模式又焕发了勃勃生机与活力，信息的充分透明和社交的便捷，使人类的消费决策和生活方式最容易被身边的亲朋好友与邻居影响，大病毒时代意味着对社会心理学中"从众力量"的重新发现。

盲目性和无脑性是群体存在的特征。所罗门·阿希在1955年的《社会压力与个体观点》中详细探讨了塑造个体信念、判断和行为的社会影响。他认为，一个组织或团队会对其成员施加潜在的社会影响，一定水平的从众是个体重要的社会机能，这就导致人们觉得自己有必要从众以融入群体中。他们会假装,甚至深信自己的意见与大多数人相同。这种从众的倾向甚至会掩盖他们自己的价值观和基本认知。这个特点在强调个体对群体的归属感的中国、日本和非洲国家等地，尤其突出。

大病毒时代意味着每个人都是传播的节点，我们自己生产内容并同时消费别人的内容（UGC 模式），我们转发分享和评论产品的好坏。在这个过程中，我们解决了问题，并获得了内心的愉悦。所有人是所有信息的出口、入口和中转口，所有人是所有信息的生产者和消费者。这就是人人都是节点的意义。

大病毒时代意味着既往的营销传播中所谓的“一对多、大洗脑”模式的彻底崩溃。笔者所定义的大病毒,即“高传播速度、大传播范围、强社会反响、低预算费用”。这对营销和创意的要求，尤其是对移动社交媒体的熟稔程度要求极高。对于大企业是挑战，而对于小企业而言，则确实是弯道超车的良机。

互联网+时代的终极营销策略

传统商品如何华丽变身为互联网商品呢？

在产品包装上写"么么哒"就是互联网化？当然不是！互联网化一定是企业从深层次系统性地自下而上的改变。与之相比，包装肯定不是最重要的部分。互联网化是先要需求，然后个性化定制，是轻而快。以前是企业自己向银行借款，风险特别高。而互联网时代利用社会化的金融管道，把所有压力都分散掉。互联网时代，任何人都可以成为企业家，不想要的东西都可以甩掉，物流可以甩给专业的物流公司，设计可以甩给专业的设计公司，内容可以甩给专门写东西的人，自己做一个整合者。这样，个人和企业的核心价值就能最大限度地发挥出来了。

运营方式只要牵涉流量，只要牵涉线上线下转化的，都是互联网的操作方式。整个思路运营方式都是按照互联网走的，那就是互联网公司。Facebook 的高管亚当斯对这个时代的总结还是相当到位的，他认为这个时代的信息与网络有四大变化：

第一个变化就是“可获取信息量的巨大增长”，而且是指数级别的增长。第二个变化有些复杂，他指出变化主要是Web结构的重大变化：网络正脱离以内容为核心构建的方式，而转向以人为核心重新构建。这样导致的结果就是：人们与网上内容的互动时间越来越少，而同他人交流的时间不断增多。这也就是移动社交时代的题中之意。第三个变化，对营销而言既是挑战也是机遇。“我们首次能够对社交活动进行精确的图形化分析及策略，能对许多理论进行定量测评，不仅振奋人心，而且改变了我们对营销和广告的认识。”第四个变化是：“我们极大地加深了对自身如何做决策的了解。”

2013年年初，笔者刚玩微信的时候，随便一篇微信文章浏览量都能上千。现在，浏览量能上100，说明你做得还可以。因为微信越来越拥挤。最早玩微信的人少，好友也才40个左右，但发一篇文章有两三百人在看，后来逐渐变成150、80、40个人看了，越来越少，最后变成只有十几个人看了。微信营销越来越难做，因为大家都在争抢注意力，你的标题、内容没有意思就石沉大海了。

信息大爆炸+网络以人为核心，想要获取成功，就要了解社交行为，比如：人们如何联系在一起，人与人如何往来，人们如何被生活中形形色色的人营销，人们如何做决定，人们的偏见如何主导行动，等等。

传统营销模式越来越贵、越来越失效，病毒营销越来越受到企业的青睐。原因在前两章已经表达得很清楚了。首先，是世道变了。一切皆移动，时时皆社交。“我们都活在手机上了。”全世界21亿部智能手机、中国7亿部智能手机，如果全部排列在一起，那个景象，想一想都蔚为壮观。消费者的注意力都在移动社交媒体上，而社交媒体朋友圈、亲朋好友之间的影响力开始日益强大，对品牌的引荐和背书尤其重要。其次，老的营销模式日渐失去效果，传统打扰式营销根本渗透不进移动社交圈子，这时候，就需要病毒营销了。将大家喜闻乐见的内容嵌入品牌和营销信息，实现受众的自发传播，进而影响各自的亲朋好友，而且一传十、十传百，生生不息，无穷无尽。这种类似病毒的营销方式成本极低，但效果极好，简直是为互联网+时代量身定制的最天然的营销方式。

11

病毒营销的前世今生

这一节，笔者带着大家从头梳理一下病毒营销的前世今生。

病毒营销（Viral Marketing），又称为病毒式营销、病毒性营销、基因分销、核爆式营销，是一种新颖的互联网营销策略，是利用现有社交网络服务和其他技术，通过自我复制病毒进程达到增加品牌知晓度或吸引营销的目的，因其进程类似于病毒传播和电脑病毒而获名，常用于网站推广、品牌推广等。此传播是用户之间自发进行的，几乎无须投入费用。与传统营销相比，病毒营销成本更少但效果更好。病毒营销的形式可以是视频、互动Flash广告、游戏、电子书、软件、图片、文字信息、邮件和网页等。

1955年，艾利朗·卡茨（Elihu Karz）和保罗·拉沙非（Paul Lazarfeld）在著作《个人影响》（*Personal Influence*）一书中，比较消费者与消费者接触和其他形式的大众传播之间的区别发现，一个普通人所遭遇的最大的影响主要来自他们与社区其他人的关系，除此之外，这些人较难接受或吸收信息，这一点和现在的营销困境，何其相似？

1994年，媒体评论家道格拉斯·洛西科夫（Douglas Rushkoff）是第一位在互联网上写病毒营销的人，他认为假定广告感染到用户，被感染的用户，即“接受了你的观念的人”，会和其他人分享你的观念，即“去感染他们”。只要每一位被感染的用户向平均一位以上的人分享这些观念（流行病学对流行的界定），被感染的用户将会依照几何级数的曲线进行增长。当然，如果用户到用户的分享被诸如公关和广告等其他形式维持，导致被感染的用户的数量即使增长得慢，那么这个营销策略也是成功的。

1996年病毒营销在互联网领域大放异彩。网络电邮服务Hotmail的创始者杰克·史密斯（Jack Smith），以病毒营销说明Hotmail成长背后的原理。每一次某位Hotmail用户发出电邮，邮件最后都有一行暗示用户背书的邀请:“你可以到Hotmail注册免费电子邮箱。”即Hotmail公司通过在邮件中设置邮箱推广链接，注册了Hotmail邮箱的人在发送邮件时，同时将嵌入了推广信息的邮件发给了联系人，接收者中一定比例的人在注册该邮箱之后，又以相同的方式将信息传给了其他联系人。这样Hotmail形成了病毒式的绵延不绝的传播效果，短短一年获得了1200万的注册用户，成为行业巨头。

1999年，Web2.0这个词汇在达西·迪努琪（Darcy DiNucci）的文章《支离破碎的未来》(*Fragmented Future*）中第一次出现。2004年，出版社经营者O'Reilly和MediaLive International之间的一场头脑风暴论坛中，Web2.0的概念被正式提出，并流行开来。相比Web1.0时代，人们只能被动地浏览内容，Web2.0包括了社交网络、博客、视频分享网站等。维基百科认为，Web2.0具有6大特点:（1）随需组合信息。即根据用户的偏好,自行组织展示内容。(2)客户体验。动态内容、对客户输入随时响应。(3)用户参与。信息在网站拥有者和网站使用者之间分流,网站使用者可以评估、回顾和评论。评论其他人可以看见。(4)长尾。基于需求提供服务。利润来源于每月的服务,而不是一次购买。(5)软件服务化。Web2.0网站开发出API实现自动化应用。(6)大众参与。区别于传统互联网应用,根据用户的偏好实现内容和形式呈现变化。

2006年,马尔科姆·格拉德威尔(Malcolm Gladwell)的著作《引爆点》(*The Tipping Point*)引发轰动。《引爆点》是一本谈论怎样让产品发起流行潮的著作,其中提出的个别人物法则、黏性法则和环境法则三法则,对病毒传播影响深远。

其中,个别人物法则是圈层营销或者说窄众营销的理论基础,指导企业如何去寻找目标客户中的传播员、内行与推销员——那些有着非凡交际能力的人们。黏性法则解决的是项目应该怎样传递信息的问题。黏性法则首先告诉我们要在诸多卖点中提炼出高质量的信息,并寻找一种简单的信息包装方法,使信息变得不可抗拒。环境法则针对的是客户感知与项目期望表达的信息是否高度一致的问题。笔者认为,这三个法则和营销的三个机制刚好一一对应。

2007年,国际知名行为心理学家希思兄弟(Chip Heath和Dan Heath)撰写的《让创意更有黏性》(*Made To Stick*)对病毒内容的制作提出了"简、奇、具、信、故、情"六大标准,即简单、奇特、具体、可信、故事和情感。这实际上更像是对马尔科姆·格拉德威尔三法则中"黏性法则"的展开论述。

2013年,宾夕法尼亚大学沃顿商学院市场营销学教授乔纳·伯杰（Jonah Berger），根据对《纽约日报》最热文章进行的追踪，提炼出"STEPPS"法则，进一步分析和阐释了病毒传播的规律。其中，S指社交货币（Social Currency），迎合消费者的炫耀需求；T指促因（Trigger），用刺激物激发人们的记忆；E指情绪（Emotion），通过情绪时间触动分享欲望；第一个P指公共性（Public），设计并包装产品和原创思想以制造一种行为渗透力和影响力；第二个P是实用价值（Practical Value），运用专业知识为消费者创造价值；S指故事（Story），将重要的信息注入在情节当中，方便大家记忆和口碑相传。

相比之下，国内对病毒营销的研究起步较晚。2000年，冯英健博士发表翻译文章《病毒性营销的六个基本要素》，将病毒营销的概念引入国内；基于传播学理论的文章有：《关于病毒营销的传播原理分析》《基于社会化网络服务的病毒性营销传播研究》；基于案例分析所撰写的文章：《病毒营销——成就腾讯》《百度的病毒式营销》《病毒营销在SNS中的应用——以校内网为例》；基于实操角度的文章：《病毒性营销的创意及误区》《病毒营销在网络中的应用》；等等。

12

营销理论的四个阶段

第一阶段：20世纪60年代的“4P”理论

1953年，尼尔·博登（Neil Borden）在美国市场营销学会的就职演说中创造了“市场营销组合”（Marketing Mix）这一术语，其意是指市场需求或多或少的在某种程度上受到所谓“营销变量”或“营销要素”的影响。1967年，菲利普·科特勒（Philip Kotler）在《营销管理》第1版进一步确认了以4P为核心的营销组合方法。4P分别指：

产品（Product）：注重开发的功能，要求产品有独特的卖点，把产品的功能诉求放在第一位。

价格（Price）：根据不同的市场定位，制定不同的价格策略，产品的定价依据是企业的品牌战略，注重品牌的含金量。

渠道（Place）：企业并不直接面对消费者，而是注重经销商的培育和销售网络的建立，企业与消费者的联系是通过分销商来进行的。

宣传（Promotion）：应当是包括品牌宣传（广告）、公关、促销等一系列的营销行为。

第二阶段：20世纪90年代的"4C"理论

1990 年，营销理论专家罗伯特·劳特朋（Robert Lauterborn）教授在其《4P 退休 4C 登场》(*New Marketing Litany: Four Ps Passé; C-Words Take Over*) 中提出了 4C 营销理论。4C 营销理论以消费者需求为导向，重新设定了市场营销组合的四个基本要素。

顾客（Customer）：主要指顾客的需求。企业必须首先了解和研究顾客，根据顾客的需求来提供产品。同时，企业提供的不仅仅是产品和服务，更重要的是由此产生的客户价值 (Customer Value)。

成本（Cost）：不单是企业的生产成本，或者说 4P 中的 Price（价格），它还包括顾客的购买成本，同时也意味着产品定价的理想情况，应该是既低于顾客的心理价格，亦能够让企业有所盈利。此外，这中间的顾客购买成本不仅包括其货币支出，还包括其为此耗费的时间、体力和精力，以及购买风险。

便利（Convenience）：即所谓为顾客提供最大的购物和使用便利。4C 营销理论强调企业在制定分销策略时，要更多地考虑顾客的方便，而不是企业自己方便。要通过好的售前、售中和售后服务来让顾客在购物的同时，也享受到便利。便利是客户价值不可或缺的一部分。

沟通（Communication）：企业应通过同顾客进行积极有效的双向沟通，建立基于共同利益的新型企业和顾客关系。这不再是企业单向的促销和劝导顾客，而是在双方的沟通中找到能同时实现各自目标的通途。

第三阶段：20世纪90年代的“4I”理论

20 世纪 90 年代，美国西北大学市场营销学教授唐·舒尔茨（Don Schultz）提出“整合营销”理论。即“根据企业的目标设计战略，并支配企业各种资源以达到战略目标”,从“以传者为中心”到“以受众为中心”的传播模式的战略转移。整合营销倡导更加明确的消费者导向理念。

在蓬勃发展的互联网世界中，传统营销理论已经难以适用。媒体是旧传播时代的皇帝，消费者才是网络时代的总统。信息的嘈杂多元，互动的频繁常态，自媒体的爆炸性增长，每个草根都有了自己的发言权和影响力。

网络整合营销有 4I 原则，分别是指：

趣味原则（Interesting）：娱乐至死的年代来临了。中国互联网的本质是娱乐属性的，在互联网这个“娱乐圈”中混，广告、营销也必须是娱乐化、趣味性的。制造一些趣味、娱乐的“糖衣”香饵，将营销信息的鱼钩巧妙包裹在趣味的情节当中。

利益原则（Interests）：营销活动不能为目标受众提供利益，必然寸步难行。将自己变身一个消费者，设身处地、扪心自问一句，“我要参加这个营销活动，为什么呢？因为它好！”

互动原则（Interaction）：新媒体区别于传统媒体的最重要特征是其互动性，单向布告式的营销，肯定不是网络营销的前途所在，只有充分挖掘网络的交互性，充分地利用网络的特性与消费者交流，才能扬长避短，让网络营销的功能发挥至极致。消费者亲自参与互动与创造的营销过程，会在大脑皮层回沟中刻下更深的品牌印记。把消费者作为一个主体，发起其与品牌之间的平等互动交流，可以为营销带来独特的竞争优势。未来的品牌将是半成品，另一半由消费者体验、参与来确定。当然，营销人员找到能够引领和主导两者之间互动的方法很重要。

个性原则（Individuality）：专属、个性显然更容易俘获消费者的心。因为个性，所以精准；因为个性，所以诱人。个性化的营销，会让消费者心里产生"焦点关注"的满足感。个性化营销更能投消费者所好，更容易引发互动与购买行动。

第四阶段：21世纪初的"4R"理论

2001年，营销咨询顾问艾略特·艾登伯格（Elliott Ettenberg）在其《4R营销》一书中首次提出4R营销的理论。该理论以关系营销为核心，注重企业和客户关系的长期互动，重在建立顾客忠诚。它既从厂商的利益出发又兼顾消费者的需求，是一个更为实际、有效的营销制胜术。该理论包含以下四要素：

关联（Relevance）：认为企业与顾客是一个命运共同体。建立并发展与顾客之间的长期关系是企业经营的核心理念和最重要的内容。

反应（Reaction）：在相互影响的市场中，对经营者来说最现实的问题不在于如何控制、制订和实施计划，而在于如何站在顾客的角度及时地倾听和促使商业模式转移成为高度回应需求的商业模式。

关系（Relationship）：在企业与客户关系发生本质变化的市场环境中，抢占市场的关键已转变为与顾客建立长期而稳固的关系。

报酬（Reward）：任何交易与合作关系的巩固和发展，都是经济利益问题。因此，一定的合理回报既是正确处理营销活动中各种矛盾的出发点，也是营销的落脚点。

13

什么才是真正的病毒

互联网使广告信息病毒化的速度加快、辐射翻倍，能使一个品牌一夜成名。然而，互联网和社会化媒体技术不能让一个品牌变成病毒，只是让人们在相互分享内容方面更快捷更方便。

移动互联网的出现对营销产生了深远的影响：第一，传播模式被颠覆了，以前自上而下这种强势的单一的传播，像脑白金之类，现在总体向上传播。第二，企业和消费者的关系地位被颠覆了，以前企业就像拿着一把枪似的，消费者就是猎物，打着你，就能吃一把。但现在消费者是皇上，企业是服务者。第三，竞争方式变化，以前企业关注的是利润、销售额，现在大家关注的是体验、界面 UI 等。诺基亚很皮实，摔地上还能打电话，苹果摔地上屏幕直接就碎了，但大家还是倾向于选择苹果、选择体验。第四，整个产品包括运营被颠覆了，企业关注的是消费者满意度、粉丝数，而不是销售额。有一家成立 5 年、只有 55 个员工、还没有盈利的企业 WhatsApp，被 Facebook 用 190 亿美元收购了，为什么？其实对这家企业的评价不是销售额有多少，利润率多少，市场价多少，而是粉丝有多少。

那么病毒营销的特点究竟是什么呢？病毒营销有四大特点：(1) 依靠用户吸引用户来实现业务增长，如 Hotmail。(2) 用户充满热情地主动传播，如开心农场——偷菜。(3) 指数级别的人数增长。病毒系数为 1，人数将线性增长，并最终停涨；病毒系数高于 1，将以指数级别增长，该营销信息如同病毒一样，会无限繁衍下去。(4) 无须花钱做广告、做营销、组建销售团队。比如 Facebook 第一个月吸引了 50% 的哈佛学生；Hotmail 30 个月内拥有了 3000 万个用户。

常规对病毒营销的评价包括：浏览量、点击量、特定内容的点击、社交媒体的分享量、点赞量、评论量、粉丝数、注册人数、消费者评价分数、网站浏览时间、产品浏览次数、顾客品牌参与度、网站滞留时间、转化量、销量等。当然，要保证一场病毒营销策划的成功，维基百科认为必须要有六个相应的标准：(1) 它必须令绝大多数人感兴趣。(2) 它必须值得朋友和亲人分享。(3) 必须使用一个巨大的平台去发布，如 YouTube 和 Facebook。(4) 为获得关注需要使用原始的激励。如播种、浏览购买，或者分享给粉丝。(5) 内容必须是高质量的。(6) 社交网络的发展导致病毒营销的效果越来越显著。

除了耳熟能详的概念和显而易见的特点，笔者更愿意从自身的经验去讲解。我从"数量""直销""现实""群落"和"偶发"等五方面来勾勒出病毒营销的本质属性。

数量：数量即质量，规模即利润

任何行业，尤其是传统行业，只有拥有令人敬畏的产业规模，成功才能接踵而来。很多行业，只有用户越多，希望加入的用户才会越多，胜者通杀；一旦出现突破临界点且继续增长，将不可被打败；当然，当它一旦成熟，增长将放缓，例如 Myspace 和 Facebook 都只有 1% ～ 3% 的增长率；二八法则永远不会错，大多数行业都遵循着 80% 的销售额来自 20% 的重要用户的规律。

在这里，病毒营销充当的是实现“令人敬畏的产业规模”的作用和角色。只有病毒营销，才能迅速拉升规模，也造成了短短几年融入病毒营销的企业的市值远远地超过了耕耘了几十年乃至上百年的传统行业的现象。

直销：用户即广告，广告靠用户

世界上第一个使用“病毒营销”的是著名的“庞氏骗局”，一个意大利人在 1919 年 12 月到 1920 年 8 月，短短 8 个月时间非法传销，依靠病毒口碑，让人们乖乖送上 9000 万美元，约合现在的 10 亿美元。步骤很简单：第一步是吸引眼球（45 天 50% 利息），第二步是首次兑现投资承诺，第三步是卷包走人。

当然，第一个成功而且正当地使用病毒营销的典范是“特百惠”。它成功地利用其唯一的销售渠道——理家会，在 1950 年至 1970 年之间，销售额达 5 亿美元。也就是说，病毒营销是离销售最近，能直接拉动试用率甚至成交率的关键因素。

现实：移动互联网络已经网住了所有人的注意力

中国的移动互联网现状前文已经说过了：7 亿智能手机，36% 以上的人每天4小时以上的触媒时间；微信注册用户11.2亿，4.4亿的活跃人数；移动社交媒体开始颠覆50年来打断式的营销模式；病毒营销不会不行，而是势在必行！

群落：也就是病毒营销的适用行业和传播局限

病毒营销更适用于大众消费品行业，尤其是快速消费品行业。因为这类行业的消费者决策介入程度低、情感型和冲动型购买的概率更高、品牌和促销活动的效果更好。不适用于石油、钢铁、期货等B2B行业。另一方面，病毒营销具有很强烈的"窄众"特点，它的流行更适用于具有鲜明特点的人群，如"娱乐圈""营销圈""设计圈"等，圈层与圈层之间很难被顺利而且快速洞穿，也就是说，在一个圈子里流行的病毒营销有可能在另一个圈子根本就波澜不惊。

偶发：每个人都可能变成一个病毒点

"营销者没法掌握像过去的4P——产品（Product）、价格（Price）、渠道（Place）、促销（Promotion），在家里把它们全部搞定，现在这个时候只能把队伍练起来，把整个核心力量放在互联网上，你不知道后期哪个事情能火哪个事情能变成很大的营销，但需要每天都去做。"也就是说病毒营销的成功充满了"失控"和"偶发"，笔者的那篇文章《到底还有没有暴利的行业》就写了半个小时，各种时间点一对，这篇文章就火起来了。这就是"森林火灾营销"，森林肯定会着火，但是哪棵树会着火你不知道。你的工作就是每天去擦火柴，肯定会发生火灾的。

14

碎片化、病毒化、生态化统一指向“内容”

本人有 10 年营销实践经验和多年的病毒营销项目历练。依据本人的经验，移动社交新媒体所谓的“新”，即在于技术所赋予的“即时互动反馈”的功能上。这是区别于传统电视、报纸、杂志和广告最独特之处。因为有反馈，所以营销的效果更容易被量化和评价，当然营销也更难做了。评论、转发、点赞等插件的介入，更使线上社交无限逼近于线下社交，作为群居性生物的人类，获得的快感可想而知。

本人认为移动社交媒体有四大特点：“碎片化”“病毒化”“极效化”和“生态化”。

移动社交媒体，尤其是以微信、微博、人人、豆瓣为代表，追逐和蛊惑着我们的注意力，撕裂和抢夺着我们的时间。我们已经陷入了“碎片化”的生活状态，有统计表明，我们的一天被分成了：起床时、等地铁时、吃饭后、午休时、下班路上、晚饭后、睡觉前。

“病毒化”是第二个特征，以企业为主体，任何营销内容创建的根本目标都是为了让它能流行起来。

"极效化"的意思是传播速度和传播半径极大化，而且传播成本无限趋近于零。

"生态化"是第四个特征，当移动互联网所带来的线上线下合流，原我（真实的自己）、线上我（移动互联网上的自己）和社交我（线下生活中的自己）一体三面时，品牌营销本身的规律不会改变，依然遵从着"反复刺激产生兴趣、尝试购买重复消费"的从心理到商业的逻辑和规律。

这四大特点虽然迥异，但同时指向了"内容"。只有有趣的、小微的病毒内容才能充分占据受众的珍贵的碎片化时间；只有嵌入病毒诱饵和病毒机制的内容才能实现在整个移动互联媒体充分流行；只有高质量的内容，极度增加的信息传播速度和信息传播半径才具有营销上的现实意义；只有接地气的内容，才能有力地洞穿线上线下，形成"关注、兴趣、购买"的闭环和循环。如何创作内容，将会是整个移动互联风行天下的时代，营销真正的题中之意。

那怎么来看这个内容能不能变成病毒呢？有一个衡量指标，就是病毒系数。病毒系数是指平均一个用户能带来多少个新用户。以微信为例，我的微信文章发到微信朋友圈，如果我的朋友是 100 个，如果有 1 个人转，那么病毒系数就是 1；有 2 个人转，病毒系数就是 2，这就具有病毒性了；如果是 10 个人转，那病毒系数已经算很高了。我们接下来要做的就是用各种方式把病毒系数拉起来。

15

内容病毒化的核心是社会心理学

如何使内容实现病毒化，维基百科上认为一场成功的病毒营销应该有五大标准，如图 3-1 所示。抛开"时代背景""传播渠道"和"促销策略"，我们发现成功的病毒营销最核心的动作是"选题策略"和"内容质量"。

马尔科姆·格拉德威尔在阐述病毒营销的发生机制时，很清晰地表达了"环境、信使和黏性信息"三者缺一不可。"环境"可以理解为社会潮流趋势和信息传播的渠道与媒体，这是市场洞察和策略选择问题；"信使"可以理解为专家学者、名人明星、微博大 V 和微信大号等，是媒介和代言人的问题。企业真正在营销上发力比拼的只有"黏性信息"，即内容，对高质量内容的创建能力才是移动社交媒体时代真正营销能力的体现。

为什么有些东西能病毒化？这个问题困扰了营销者、广告人和社会化专家多年。一些内容是风行天下，而另一些则默默死去，为什么？什么导致一些内容成功而另一些死去？市场营销学教授乔纳·伯杰分析了数千条网上内容和成千上万的产品与品牌，去理解为什么有些能流行，为什么这些能获得更多的口碑效应。前文我们讲到，乔纳·伯杰教授看到，有六个关键点在思想流行方面起到了传染作用，也就是"STEPPS"法则。

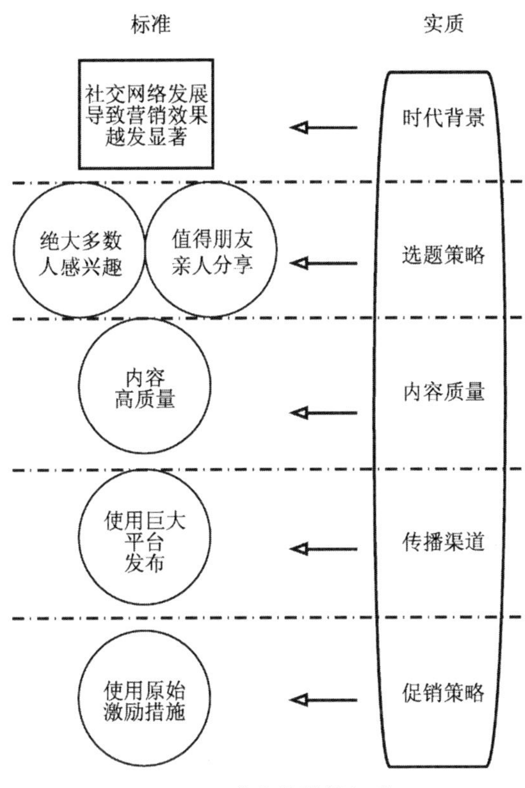

图3-1　病毒营销的标准

这两年，《黏性》《引爆点》《疯传》《湿营销》等营销和传播类书籍持续热卖，证明对于营销的研究已经越来越深入到心理学层面（尤其是大众心理学）。在移动社交媒体这一人与人关系更加亲密的平台上，企业想要做出任何有所斩获的营销动作，追赶流行甚至引领潮流趋势，如果缺乏对群体心理学、社会心理学的深入钻研，指望着传统工业时代的产品卖点、定位等三招两式打天下，明显是痴人说梦。

16

“黏死客户”的5个社会心理学理论

符号互动理论

第一个，符号互动理论。它是从心理学角度研究社会的流派，它坚信社会是由互动着的个人构成的，对社会中诸多现象的解释只能从这种社会互动中寻找。

符号互动理论是由美国社会学家米德（G. H. Mead）提出的。米德认为：事物对个体社会行为的影响，不在于事物本身所包含的世俗化的内容和功用，而在于事物本身相对于个体的象征意义，而事物的象征意义则源于个体与他人的互动（语言、文化和制度等）。符号互动理论有3个前提：（1）人类的行为是建立在他们给事物赋予的意义的基础上；（2）这些意义是在人与人的互动中形成的；（3）这些意义会被用来解释面对的事物，意义在这一过程中被使用和转化。这3个前提其实就是对病毒营销最完美的解释和回答。

符号互动理论是基于美国20世纪初的实用主义哲学和行为主义心理学的思想背景，认为人对外部世界的适应是通过符号化的沟通过程，在对语言等符号的学习和运用中，掌握他人扮演的角色，获得社会反馈，从而学会把自己作为课题的思维，在此过程中生成自我、意义和社会。我们所说的话在另一人身上引起反应，又反过来改变我们的动作。社会塑造了心灵和自我，但社会和社会组织本身又是凭借心灵和自我得以维持和延续。社会是一种被建构的现象，是从个体间相互调解的互动过程中产生的。美国社会学家布鲁默（Herbert Blumer）发展了米德的互动理论，他认为互动的本质是对他人和群体角色进行领会的持续过程，角色领会是互动的关键机制，因为它能使行动者领会他人的视角。

互动仪式链理论

第二个心理学理论是美国当代著名社会学家兰德尔·柯林斯（Randall Collins）所提出的"互动仪式链理论"，开始把米德的符号互动理论扩展到宏观层面。柯林斯认为：群体心理和社会结构之间存在着互动关系，整个社会就是一个互动仪式链的市场。符号资本和情感能量是互动仪式链上最关键的变量。人们根据符号资本的拥有量在互动中寻找共同关注点和最大化个人的情感能量。在情感能量注入后，原有的符号资本被强化，新的符号资本被创建。柯林斯的互动仪式链解决了互动仪式的核心机制，即互相关注和情感连带。

而移动社交媒体将现实中的人际关系串联到互联网，以微信为例，每个人大约有100个微信好友，每一天当你发送图片、感慨和生活琐事时，其实就是在与微信中的好友进行互动并维持情感联系。这种互动仪式链唤醒和激发了情感的传播。

兰州大学的韩璐分析探讨了微观情境下用户在互动传播中所构成的互动仪式的诸要素，认为用户对移动社交媒体的使用本质就是在其提供的模拟情境下获得“情感能量”和符号资本的过程。具体表现为：移动社交媒体为用户提供了互动平台，在互动情境中用户获得了良好的互动体验，在互动中成员之间交换符号资本并将获得的情感能量进一步转化为投入到下一次互动仪式中的动力。这里所指的情感能量，即用户通过移动社交媒体与其他用户进行互动传播，产生情感连带达到情感的高度集中，进而表现出的一种对某移动社交媒体稳定的黏性特征。

人际关系取向理论

第三个心理学理论是社会心理学家威廉·舒茨（William Schutz）1958年提出的人际关系取向理论（FIRO理论），将人际需要总结为三种：第一种是吸引和开放的需要，可以细分为团队的归属感和引发他人注意的需求；第二种是控制的需要，即获得专家权威的需求；第三种是归属的需要，对他人表示赞赏和关心的需求。移动社交时代，移动是特征，社交才是本质。人际需要的三维理论就是求解人类社交的心理驱动到底是什么。时代在变，科技在变，但人性与50万年前我们的祖先刚学会使用火和复杂的石器工具时相差无几。

本人认为，只有从人性深层的需求出发，才能确定出营销内容病毒化最根本的驱动因素。

社交货币理论

第四个心理学理论是社交货币理论。社交货币是指能在社交网络和沟通中获得的资源。它是从法国社会学家布迪厄（Pierre Bourdieu）的社交资本理论中分离出来的，是增加对信息与知识的占有从而确定个人的印象和身份，增加社会地位和认知度。Vivaldi Partner 咨询公司将社交货币定义为：作为工作和生活的一部分，人们分享品牌或信息从而帮助公司创造独特的品牌身份和与消费者或客户的互动权利。它认为在这个时代，建立社交货币可能是公司为自己创造价值的最重要的投资。这就是为什么专业人士热衷于在社交媒体上建立个人品牌的原因。

社交货币被分为6个维度。它能在消费者和品牌之间建立强有力的吸引力；增加品牌与消费者之间的参与度和互动度，增加了消费者关于品牌的谈论次数；获得信息和知识；确立自我定位；增加品牌用户数；增加品牌利用率等。

拟剧理论

第五个心理学理论是社会学家欧文·戈夫曼（Erving Goffman）提出的"拟剧理论"。它研究人际交往中的传播行为，将人们在社会生活中的交往比作舞台上的一种"戏剧表演"。戈夫曼的拟剧理论关注的是日常生活中人们如何运用符号预先设计或展示在他人面前的形象，即如何利用符号进行表演，并使表演取得良好效果，其研究重点在"互动"，用他自己的话说，就是"在互相直接见面的时候，一个人与另一个人行动的交互影响”。

在社交媒体的人际互动中，“不管个人在头脑中所具有的具体目标是什么，也不管他达到这个目标的动机是什么，他的兴趣始终是控制他人的行为，特别是控制他人对他的反应。这种控制将主要通过影响他人而逐渐形成的限定而实现，而且他能通过给他人某种印象的方式借以表现自己达到影响这种限定的目的，他给人的这种印象将引导他人自愿地根据他的意图而行动。”这就是所谓的印象管理。

以上5个心理学理论，就是病毒营销的核心秘密和武器，也是病毒策略制定的主线和依据。

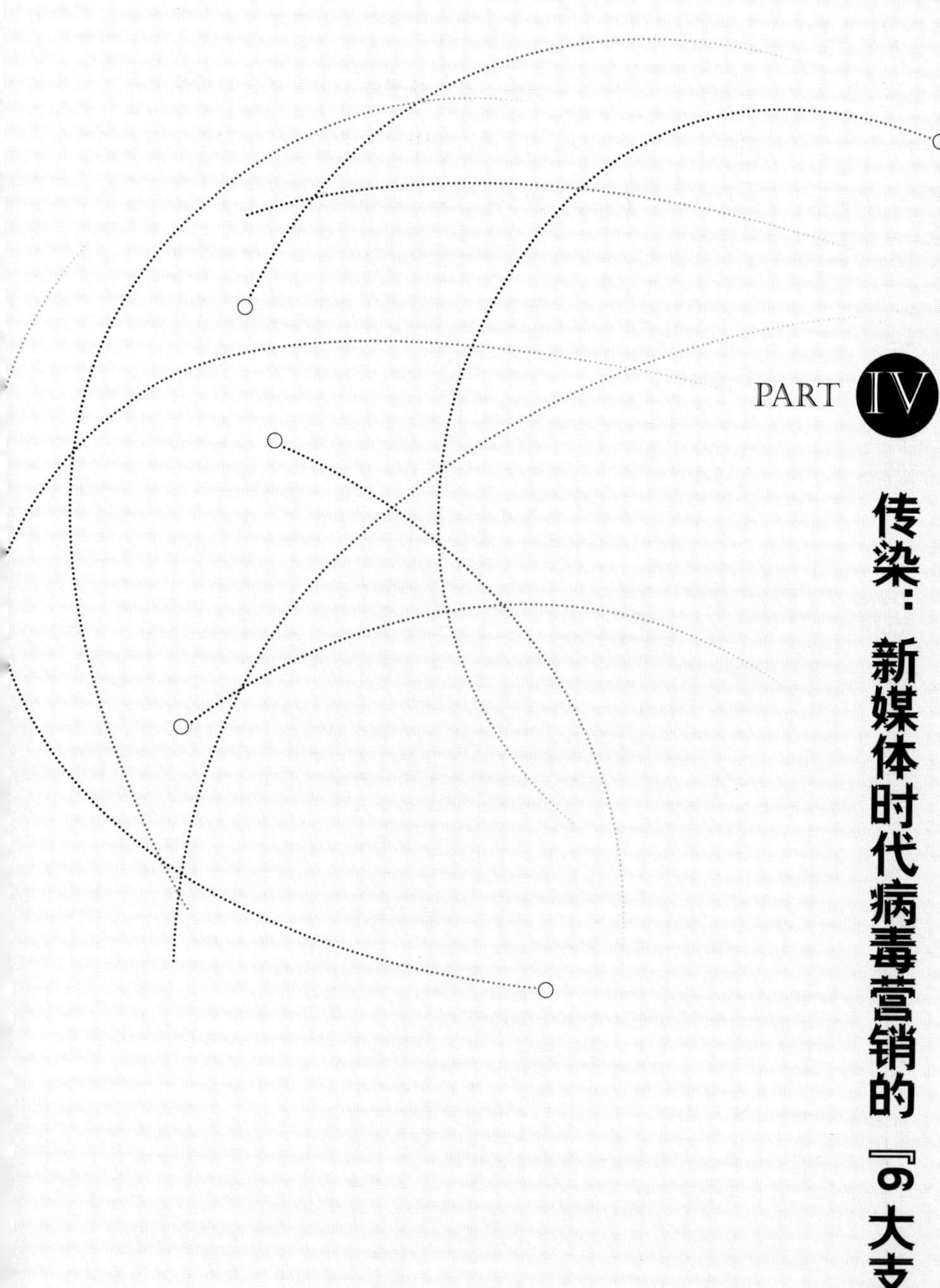

PART Ⅳ 传染：新媒体时代病毒营销的『6大支柱』

实现营销内容的病毒化需要考虑3类受众心理需求共6种驱动因素：阶层需求（优越感的炫耀和身份的强调）、知识需求（猎奇和对有用信息的学习）、情感需求（情感宣泄和人际关系的探索互动）。

Web2.0时代的失脑狂欢

如何使病毒营销的发生机制更加顺畅呢？根据马尔科姆·格拉德威尔的观点，在病毒营销方面，三个基本的标准必须要满足——给正确的信息，发给正确的传递者，在正确的环境中。

信息：只有具备令人印象深刻和足够有趣的信息，才能具有被转发的潜力。使一个信息更加可记忆、更加有趣、更加有感染力，通常都不需要大手术，只需要小调整。

传递者：三类特定类型的传递者是需要的，他们能确保普通的信息在传播中变成病毒信息：市场内行、销售员和社交中心。市场内行是能把握市场脉搏的人，他一般最早暴露于信息中并将它传递到自己的社交圈子中；销售员从市场内行那里接收到信息，然后增强放大和扩展，将它传递给社交中心，从而使它广为流传；社交中心是具有巨大的社交联系的人，他们经常认识成千上万的人，并且有能力在不同文化和阶层之间作为一个连接者和桥梁。

环境：环境在成功的病毒营销中是十分关键的。环境中的小变化可以导致巨大的结果。人们对环境十分敏感，营销策略的时间点和内容必须选择正确。

传统传播是把消息传给少数意见领袖或影响人士等待他们散播口碑，而病毒营销策略能让用户几乎是非自愿地接收信息。而且传递出去的不只是信息，更像是某种类似病毒的东西，是能够接管和改变消费者想法的思想病毒，这种对信息的立即性接受，与个人对个人接触的结果无异。病毒营销正迅速感染整个营销社区，一旦了解之后，你会发现它无所不在。

马尔科姆·格拉德威尔认为一件事情的流行必须要遵循个别人物法则、黏性法则和环境法则三法则，分别对应了他的三个基本标准，即上文刚刚讲过的信息、传递者、环境。

笔者来分析下：个别人物法则和环境法则都属于外界，只能借势而为和顺势而为，企业自身能掌控和使劲的只有营销内容方面，即必须制作出令人印象深刻和足够有趣的信息，才能具有被转发的潜力。因此，就要使一个信息更加可记忆、更加有趣、更加有感染力。马尔科姆·格拉德威尔的观点清晰深刻，我认为可以用三个单词来总结：Message，Messager，Platform。Message 就是病毒内容，而 Messager 是信息的传播者或渠道，Platform 是平台和环境。只有三者都具备，一件事才会流行和火爆起来，才能建立病毒营销的整体策略和思考模式。

笔者认为马尔科姆·格拉德威尔的书将在病毒营销历史上具有相当重要的地位。营销专家安德里亚斯·卡普兰(Andreas Kaplan)和迈克尔·亨莱因(Michael Haenlein)也认为，在病毒营销方面，三个基本的标准必须要满足。在正确的环境，制作出正确的信息，派正确的传递者去发送。马尔科姆·格拉德威尔能够提供关于病毒营销令人难忘的分析，但对“黏性的内容”如何创建并没有深入分析，也没有从心理学等更深的角度去探索内容病毒化的根本原因，而我认为这才是病毒营销实操的关键。

希思兄弟认为引发某一种想法流行的关键是使信息具有黏性。而有黏性的创意必须遵从六个原则：简单、奇特、具体、可信、故事、情节。笔者认为，希思兄弟只是从文案层面进行总结和归纳，试图提炼出营销内容病毒化的根本原因和模板，对现实中营销策略的制定和营销工具的创建启发很大，但仍然不够深入，难以从根本上解释受众之所以愿意转发和分享的原因。

乔纳·伯杰认为产品、思想和行为流行的关键在于：铸造社交货币、炼成有效的分享诱因、提炼能激发分享的情绪、使隐蔽的产品公开化、注重实用价值和编造更有利于传播的故事等。

乔纳·伯杰的社交货币，我认为就是炫耀和强调的作用。炫耀其独特性，释放其优越感；强调其优势，归属其专业阶层；练成有效的诱因则需要充分借助潮流热点；提炼能激发分享的情绪，与前文兰德尔·柯林斯提出的互动仪式链理论不谋而合。

世界在变，人性不变。贪婪、懒惰、喜新厌旧、情绪化，我们和石器时代的老祖宗其实没有多大区别。我想要重点研究的是：究竟是什么驱动了一个简单的营销内容成为神奇的“病毒”？如同行为经济学一样，内容病毒化的关键驱动因素必须结合心理学层面才能得到深刻、实效的结论。撇开环境和传播者之外，我将聚焦在受众之所以愿意自发“被感染”和“感染他人”的心理驱动因素。

17

一篇667字的文章，2天实现111万浏览量和3万收藏量

笔者在2014年10月份写的一篇文章《到底还有没有暴利的行业》，全文667字，在2天内获得111万浏览量和3万收藏量。那篇文章写的是发财，这一点大家都特喜欢看。内容很简单，分3块，从营销角度去选行业，从财务角度去选行业，从商业角度去选行业。

男怕入错行，女怕嫁错郎，大家都深信这一点，而且这篇文章简洁深刻务实。比如如何选择暴利行业，可以选择硬需求，比如说房地产，居者有其屋。但如果选家电行业，这是一个利润太薄的行业，是在刀尖上去获取利润的。我写的内容是像这样的，都是干货。在互联网里，有价值的东西会越来越有价值。病毒营销在理论上是零成本的，病毒营销的本质就是需要有策略，策略的本质就是投入产出比要高，把钱投入到最能产出的地方，这个思考过程，我们在营销上叫病毒营销。在微信上，2000+阅读量就能构成病毒营销了。

怎样把一个普通内容变成病毒文案，这是有病毒化的驱动因素的。像“小咖秀”就是搞笑的因素。其实，情欲、情感、情绪，这是病毒

营销的几个很重要的驱动因素。要有情感，比方说南京大屠杀那种镜头，你看了觉得很不爽的，在南京大屠杀纪念日可能会转发；情绪的话，比如说北京和张家口获得2022年冬季奥运会举办权，我们会转发，如果是张家口人，就更会转发。

这个时代你不懂病毒的话，死路一条

之前我剖析过这个时代的变化有四点：第一，这个世界破碎了，碎片化了。个人的时间比如早上坐地铁时、中午吃午饭时、晚上睡觉前，这些时间大多都在玩手机、看微信、刷微博。第二，边界模糊了。以前边界很清晰，做报纸就是做报纸，做产品就是做产品；明星就是明星，企业家就是企业家。但是现在，企业家像明星——像新东方的俞老师，后来还有相关电影拍出来。明星像企业家，任泉、赵薇都有投资企业。第三，消费者造反了。以前对一个产品广告，消费者只有两种反应，一种是这个产品好，我想买；还有一种就是这个产品不好，不想买。现在消费者会参与到产品制作的过程中。像最近麦当劳提供了6类24种食材，任你选，然后送餐到家。第四，社群的形成，大家成群结队出现，比如朋友圈。你对社群里的人产生影响。这是病毒营销出现的前提。

任何行业都是媒体，任何产品都是广告

在互联网商品中，有句话，我觉得特别重要——任何行业都是媒体，任何产品都是广告。这句话是核心，理解了这句话，好多事情就迎刃

而解了。如何理解？因为没有注意力就没有商业，所以你得先吸引用户的注意力，这是媒体的做法——哗众取宠，比如雕爷牛腩、阿芙精油、河狸家。所有产品都是广告，比如西少爷肉夹馍，它只是一个肉夹馍，但它整体强调的是一种新的思维和新的附加值。

传统企业关注的是销售额，而互联网时代的企业关注的是用户注册数、活跃度等。以前是社会化大生产，比如造微波炉、汽车等；是大传播，比如请大明星做广告，在央视播出等；是大流通，各种渠道去传播。但是现在完全不一样，像小米手机，它不生产，所有环节都是代工，不需要大传播，也不是大流通。

知识、阶层和情感

世界发展得令人瞠目结舌。人类现在已经能上天入地、所向披靡。但其实我们还活在旧石器时代。有三种深入本性的需求亘古不变，也许未来也不会有变化。综合研究分析移动社交媒体、病毒营销和社会心理学，我认为移动社交媒体的受众具有三大核心需求：知识需求、阶层需求和情感需求。以下将分头详解。

知识的诅咒

人是一种好奇的生物，对新生事物的敏感和兴趣是人性中非常重要的一部分。好奇心作为内在动机的主要内容，早已成为心理学研究中十分引人注目的研究领域。好奇心是一种与探索、研究和学习相关的专注力，是人类学习和进步的强大的驱动因素。好奇心普遍存在于人类的各个年龄阶段，从婴幼儿到白发苍苍的老人。心理学家把好奇心视为既具有认知性，又有情感性的内在动机。好奇心关系到注意力、动力和回报、记忆和学习等多方面。

乔纳·伯杰认为“非常规之事，超乎想象且引人注意，具有内在的非凡卓越力”，能产生社交货币，使谈论此事的人更容易受到别人的关注，如绞碎昂贵的 iPhone 的“搅拌机视频广告”。而具有实用性的信息和内容，更容易帮助受众解决问题，因此获得流传的概率会更大。

移动社交媒体中好玩有趣搞笑的营销内容，无疑具有极其强烈的竞争优势。我将“猎奇”和“学习”统称为知识需求，作为知识需求相当重要的两大组成要件。（1）猎奇：寻找有趣与刺激，独乐乐不如同乐；（2）学习：获取有用新知识，大家一起来学习。

情感的圈套

兰德尔·柯林斯认为：社交互动中，人们是根据符号资本的拥有量来寻找共同关注点并最大化个人的情感能量。在情感能量注入后，原有的符号资本被强化，新的符号资本被创建。这里的情感是社会情感。在移动社交媒体中，很容易陷入“智商拉低情绪高涨”的集体非理性状态。我在此将情感需求细化为两类。

乔纳·伯杰认为“当我们关心时，我们会分享”。表达情感的欲望之强烈近乎人类的本能。野心勃勃的兰德尔·柯林斯认为，成功的仪式能够创造组织成员的符号特征，并为每一位成员注入充沛的情感能量，而失败的互动仪式则会吸干所有的情感能量。群体行为的情感需求之间的互动关系将直接导致内容病毒化的成败。

古斯塔夫·勒庞在《乌合之众》中写道：“各种观念、感情、情绪和信念，对于群众来说，都具有病菌一样强大的传染力。”波兰心理学家罗伯特·扎荣茨在1980年的论文《感觉与思维》中指出，感觉与思维是彼此独立的，当个体面对某个刺激时会产生复杂的反应，在这个过程中个体的感觉先于思维，感觉是对个体的观点和决定最有影响力的因素。逻辑推理只是为了验证和解释我们已经做出的决定而已，逻辑推理过程并不是决策的第一步骤。社交中，我们对自我和其他人的认知，脱离不了感觉、情绪和感受的影响。

在此我将情感需求的假设细化为两点：（1）宣泄：发泄内心的汹涌，一起笑来一起哭；（2）探索：激发互动与参与，亮出你的态度来。

阶层的迷惑

塞奇·莫斯科维奇（Serge Moscovici）出版的《精神分析》一书中认为：所有人的想法和理解都是“社会表征”的结果，这些日常交流中所共享的诸多概念观点和解释，可以帮助我们在社会和物质世界中找到自己的定位，并且为我们提供在群体中进行信息交流的途径。

1922年，男性讨论的大多是财富和商业，女性谈论的都是衣服。1924年，餐厅中大家谈论食物，橱窗边大多谈论衣服。1997年，人们最经常谈论的是人际关系和经验。

FIRO理论中的第一种人际需要是吸引和开放的需要，可以细分为团队的归属感和引发他人注意的需求，可以理解为“炫耀的需求”，炫耀其独特性，以满足引发别人注意的需求；第二种人际需要是控制的需要，即获得专家权威的需求，这一点可以称为“强调的需求”，即在自己的专业领域内强调自己的职业技能和素养，彰显自己的专业形象。

乔纳·伯杰认为：人们倾向于选择标志性的身份信号作为判断身份

最直接的证据。如保时捷、玛莎拉蒂、豪宅别墅等。这些个人信息的外发有助于保持人们对自己的良好印象。企业怎样铸造社交货币能使人们看起来更优秀、更潇洒、更爽朗？这样能满足人们内心炫耀和强调自身身份地位的冲动。

笔者从阶层需求方面，提炼出两大驱动因素的假设（如图 4-1 所示）：（1）炫耀：标榜阶层和独特，让自我感觉更好；（2）强调：强调价值与归属，以专业形象示人。

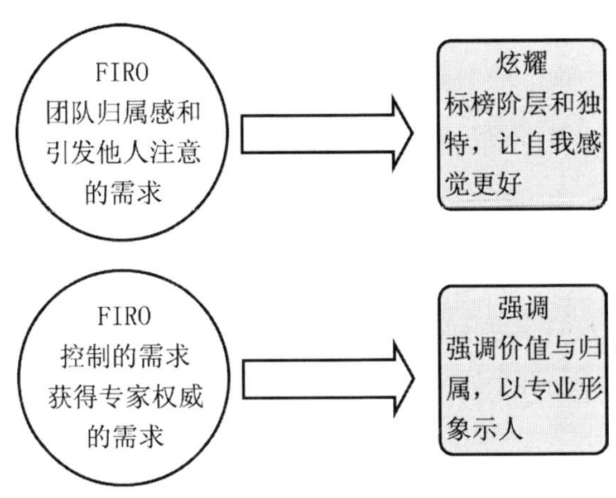

图4-1　阶层需求：炫耀与强调

根据受众的 3 大核心需求，细化为 6 种驱动因素：归属阶层需求的炫耀和强调；归属知识需求的猎奇和学习；归属情感需求的宣泄和探索。以下将对这 6 大核心驱动因素详细阐述。有满足这 3 类 6 点的内容，才能具备再传播的病毒机制。这 6 大支柱是所有病毒营销的基础。没有流行就没有品牌，供所有有梦想和企图心的人们参考。

本人手工遴选出 100 个国内外成功的病毒营销案例（详见附录），逐一归类统计，深入分析，并结合本人 10 年的营销策划经验，得出 4 点结论：

第一，实现营销内容的病毒化需要考虑3类受众心理需求共6种驱动因素：阶层需求（优越感的炫耀和身份的强调）、知识需求（猎奇和对有用信息的学习）、情感需求（情感宣泄和人际关系的探索互动）。

第二，6种驱动因素中的“猎奇”和“探索”这两种驱动因素，在互动、视频、图片、文章四种病毒形式中占据绝对优势。反映受众对人与人之间关系的好奇及偏爱轻松娱乐的信息刺激的本能，而探索所蕴含的与生俱来的“互动”DNA更符合“移动社交”的本质，值得企业和营销者格外注意。

第三，互动和视频这两种病毒形式在病毒内容的最常见的互动、视频、图片、文章四种方式中占据了绝对的优势，互动对应“探索”，视频对应“猎奇”，具有内容和形式上相当的一致性。相比其他形式，能提供更加强大的“品牌形象清晰度”和“魅力势能”，实现所谓的“魅力人格体”和“现实扭曲立场”。

第四，在文字内容的病毒化启动因素中，对于有用信息的学习的渴求，是仅次于“猎奇”和“探索”之后的第三大驱动因素，值得重视。

19

支柱一：炫耀，标榜阶层和独特，让自我感觉更好

威廉·舒茨认为人类聚集成组的动力之一就是：吸引和开放的需求。2001年菲斯克（Fiske）认为自我提升是人类的基本动力。人们喜欢在社交媒体中展现自己的独特品位和优越的方面。比如在微信朋友圈，经常看到：人们更愿意分享自己参与某奢华宴会、高端会议的内容，在微博上能看到“来自 iPhone 6 Plus”，在 Facebook 上分享自己豪车的图片或获奖照片等。2015年春节期间，由微信公众号“深夜食堂”发起的“我的2015年新年签活动”堪称亮点。总之，阳光、沙滩、美食、英俊的男友、漂亮的女友、高档的办公场所、人们对自己的喜欢和尊敬、父母对自己的疼爱，这些都是源于炫耀的欲望和需求。

内容病毒化的关键，就是赋予人们炫耀的内容和契机。人们乐于分享使自己显得更优秀更成功的内容。营销内容只有成为受众的社交货币后，才能获得免费的推广和传播。国内学者张梦霞认为中国儒家文化价值观对消费者购买行为的影响更为深远。她认为儒家文化所倡导的“行为与地位一致”的价值观，对消费者的炫耀心理影响显著。

面子是中国人个人社会地位和声望的函数，是中国人炫耀行为的重要的心理动机。

笔者对100份病毒样本进行分析，得出了炫耀类病毒内容的数量占比（见表4-1）：

表4-1　炫耀类病毒内容的数量占比

类型	互动	视频	图片	文章
炫耀类数量/总数量	5/38	0/34	1/8	0/20
占比	13%	0	13%	0

（1）炫耀类的病毒内容一共只有6个，说明自我炫耀的内容很难激发别人的转发欲望。

（2）互动类病毒内容中有5个，图片类有1个；而视频类和文字类为0。说明炫耀类更适用于互动类别的病毒内容。

（3）从可乐昵称瓶、《创富志》赠书、凡客诚品模板、深夜食堂的新年签，我认为要想激发用户炫耀的行动，必须想尽办法为用户创造炫耀的工具和高阶的标签。显示其阶层，证明其独特。

下面着重举例子分析如下：

2009年《创富志》杂志推出礼品赠书的宣传方式，可以将被赠者的名字直接印刷在封面上，赠书者有面子，获赠者有惊喜可以炫耀，风靡一时；2011年可口可乐公司推出了百家姓瓶，2013年推出了“昵称瓶”——高富帅、白富美、吃货、文艺青年等风靡一时，这个案例其实也有强调戏谑贴标签的意味。

2010年7月凡客诚品邀请青年作家韩寒和青年演员王珞丹，拍摄了系列广告，随后铺天盖地地出现在公众的眼帘。招致网络上出现了大批跟风“凡客体”。该广告系列意在戏谑主流文化，彰显该品牌的自我路线和炫耀个性形象。

2015 年 1 月 25 日，宝马、Vivo 和可口可乐的微信广告，依据微信对大数据分析，被差异化地投入到朋友圈信息流。三种产品对应的是三种不同收入的阶层。于是接收到宝马广告的，装作不经意截屏发出来，“微信居然有广告了，真讨厌”，得意地在朋友圈晾晒。广告本身的阶层指向，引起了用户的二次讨论。“为什么我没看到宝马的广告”，诸如此类的疑问充斥着朋友圈。

支柱二：强调，强调价值与归属，以专业形象示人

高管为何要西装革履？士兵为何要穿上军装？主持人为何要精心打扮？这都是为了强调自身的价值和专业性。高管如果不用西装展示严谨，投资人怎么放心把钱交给他打理？士兵如果没有军服，谁会把他当作英勇无畏的军人？主持人如果邋邋遢遢，第二天就可能丢了饭碗。

2014年7月，周迅宣布了自己的婚期。电台主持鲁瑾在自己的微信公众号上写了一篇千字文章《暖男》，探讨女神为何嫁高圣远。没想到短短三天阅读量超过了600万。不知名的电台主持的微信文章为什么这么火？就是因为符合了现代女性的需求，“暖男”引发了整个社会的热议。朋友圈中的刷屏、点赞和争论此起彼伏，甚至延续到社交媒体之外。从明星的爱情，到当代男性的质素；从女性的择偶标准，到时代对人的异化。争论既是娱乐，也是站队；既是探讨，也是思考。越能牵引一个族群的痛点的话题，越能在相互交锋中极大化用户的参与热情。无论是正面评论，还是负面评论。

微博上关于“80后”的主题，总是很火。小米曾做了一个“80后”

玩过的游戏的微博专题，浏览量超过百万。“80后”题材的怀旧内容为什么在移动社交媒体上长盛不衰，就是因为“80后”为自己建立了一个情感大本营，营造了短暂的归属感。买汽车的喜欢在移动社交媒体上点评新车，显示自己的“内行”；球迷乐意分享自己的激动、紧张和愤怒的心情，显示自己对自己球队的热爱和熟悉；做营销的喜欢点评营销事件；做美容的喜欢点拨美容技巧……这都是强化身份与建立专业形象的倾向和需求。

美捷步（Zappos）的创始人谢家华，在《三双鞋》中写过：“关于幸福的科学研究证实，人们只要能够在形体上协调一致，把自己置身于一个更大的集体中，暂时地失去自我，就会感受到更大的幸福。”人类几万年前就有过类似的经历。威廉·舒茨在FIRO理论中将之表述为人类社交的第三种需求，归属的需求。在归属中个人意识似乎消失了，取而代之的是整体意识。就像一群鸟看起来像一个整体，而不是无数个个体一样。因为强调自己的归属和价值，所有人都拥有共同的目标，都在为共同的体验而出力。

营销内容的病毒化的第二种驱动就是帮助社交媒体的受众强化自己的身份，建立自己的专业形象和归属感。强调类病毒内容的数量占比详见表4-2。

表4-2 强调类病毒内容的数量占比

类型	互动	视频	图片	文章
强调类数量/总数量	3/38	1/34	0/8	1/20
占比	8%	3%	0	5%

（1）强调类一共只有5个，其对圈层和社区的依赖较重，更适合

细分领域和熟人圈子中分享和转发，个体偏好性太强，很难穿透和跨越其他圈层。因此也难以成为现象级和社会级的病毒内容。如电影《灵动：鬼影实录》（*Paranormal Activity*），为了看到电影，某个城市的爱好者要预先在网上申请，相同的爱好让大家把预售的消息你传给我我传给他。这种病毒内容的转发就是利用了强调群落之间的联系，达到互惠互利的目标。

（2）强调类营销内容是要突出价值与归属，展现自己的专业形象，而专业形象类因为小众，所以很难大规模地传播。如电影《霸凌》（*Bully*），是一部以童年欺凌为题材的电影，在上映之前，因为台词过于直白，被美国电影协会定义为R级，只能17岁以上观众观看，无法让它到达青少年的眼前。电影发行者赫希（Hirsch）只好转战社交媒体Twitter。他在上面发了一条信息：每年美国有1300万孩子会被欺负，300万孩子会因为被欺负而退学，为了帮助他们，大家转发吧。这种转发强化身份，建立归属，表明了态度。“Always Like a Girl”则是视频内容，强调了女孩的价值观和强大的内心。

（3）强调个人的价值取向而形成病毒性的转发现象适用于一边倒的行政类。

21

支柱三：猎奇，寻找有趣与刺激，独乐乐不如同乐

日子太平淡，况且人类大脑偏爱这种能带来乐趣的故事。笔者于2015年8月22日，在微信朋友圈发出了一张车祸的图片，一分钟不到，竟然有25个朋友发出了疑问："谁啊？在哪儿？啥时候发生的"等。

年销售额5亿美元的汤姆鞋（TOMS），发起了"一日赤足"的活动，鼓励大家一天不穿鞋去上班。结果呢？有2500万人参与，而且大多是一线城市的白领。为什么？因为有意思，让你想起童年的乐趣。

从美国传过来的"蓝裙子还是黄裙子"将人性中好奇和猎奇的本性表露无遗。还有一些在国内广为流传的谬论和谣传。如："小龙虾是日本人养殖出来用来吞吃死尸的""麦当劳的鸡有8个翅膀4条腿"等等。

乔纳·伯杰还是从"社交货币来理解奇特性的要求"。他认为，非常规之事，超乎想象，并引人注意。非凡卓越，具有内在非凡卓越力。非常规之事，才能产生社交货币，使谈论此事的人更受别人关注。比如："玻璃球的弹性超过了橡皮球""袋鼠不能往后跳""微笑时能消耗多少

卡路里”“小丑嘲弄教授”“蚂蚁能抬起超过体重50倍的物体”“小狼被撞后被拖行600英里还活下来”等等。

希思兄弟认为，奇特是吸引和维持注意力的关键，是帮助信息从纷乱无序的环境中冲出重围的关键。而使内容变得奇特的目的是激发人的两种基本情绪：惊讶和兴趣。惊讶方面，如提出令人惊讶的“事实”：“中国万里长城是太空中唯一可见的人造建筑”“我们只用了大脑的十分之一”等等。兴趣方面有：阴谋论就能让人孜孜不倦地搜集新资料，小道传闻则让我们不断回到朋友那里探听最新的进展等。

马尔科姆·格拉德威尔认为，在营销中，只有具备令人印象深刻和足够有趣的信息，才能具有被转发的潜力。依云矿泉水的电视广告“Evian, live young”，通过生动的音乐、滑稽的舞蹈、令人印象深刻的返老还童的主题，将越喝越年轻的价值主张传达出去。使一个信息更加可记忆、更加有趣、更加有感染力，通常都不需要大手术，只需要小调整。当然，奇特的内容，才能令人印象深刻和足够有趣。

猎奇类病毒内容的数量占比见表4-3：

表4-3　猎奇类病毒内容的数量占比

类型	互动	视频	图片	文章
猎奇类数量/总数量	11/38	25/34	4/8	9/20
占比	29%	74%	50%	45%

（1）猎奇类占到总100个病毒样本的49个，基本占了半壁江山。从心理学角度而言，猎奇类病毒内容本身具有强大的吸引力，同时在转发时能显示幽默感和一起放松娱乐的姿态，从而最有利于转发者获得社交货币。

前文提过的Blendtec公司的视频系列“它会被绞碎吗？”被提名为YouTube上最好的广告系列。2010年《广告时代》杂志（*Advertising Age*）评选出的十大病毒广告，每条视频的浏览量超过了2亿。

（2）以猎奇类为内核的病毒营销内容，在视频、图片和文章中占据了绝对的优势。毫无疑问地证明猎奇类信息占据了营销内容病毒化的驱动因素中的第一大因素。有趣和刺激的信息可以突破形式的束缚，如微博上的ID为“天才小熊猫”所创作的《我在新浪工作一天的经历》，就是以轻松幽默无厘头的方式，获得大量的转发，这种幽默感能营造转发者自己的个人形象，使自己获得更多的关注。

（3）猎奇类的病毒内容，或者依赖于绝妙的创意，或者依赖于大投入的制作预算。前者如2015年2月1日，一个叫“成功智慧”的微信公众号的一篇文章《狼是怎么死在兔子手下的？看懂的老板都疯了！!》当天获得96948的浏览量。绝大部分的原因就是因为内容奇特，充满细节，满足了大众猎奇的心态。后者如百事可乐制作的角斗士版本广告，其史诗般的鸿篇巨制，花费当然不菲。

支柱四：学习，获取有用新知识，大家一起来学习

2015年2月底，中国最火的视频无疑是柴静的《穹顶之下》，4天时间视频总播放量达到了2亿。这部关于中国空气污染的调查片和雾霾知识的普及片，由柴静作为主讲人对现状进行介绍，并插入采访拍摄的片段，呼吁人们关注中国的空气污染问题。柴静从中国大陆东北及华北地区的大面积雾霾说起，讨论中国大陆的空气污染、相关治理及存在的行政不作为情况，亦提到了洛杉矶（曾发生光化学烟雾事件）和伦敦（曾发生伦敦烟雾事件）及两地现状。于是全中国在3月份展开了关于雾霾问题的大讨论。

在内容的病毒化中，内容本身足够优秀是前提的前提。而优秀的第一个要素就是此内容是否具有现实有用的新信息，是否拥有价值。雾霾与每个人、每个家庭、每个家庭的健康息息相关，而大众又缺乏雾霾知识，因此，独立客观第三方对雾霾的调查就显得极为珍贵。

2014年爆红的设计师——顾爷，发表了一系列图文结合的广告，融艺术设计和产品广告为一体，转折巧妙，如《梵高为什么自杀》《岁月的痕迹》《女王范》等。既幽默可乐又能长知识，因此即使封底有广告，大家也是可以接受的。

分享现实有用的新信息会让分享者显得更聪明、更乐于助人，如《冬天短裙怎么穿，6 招给你风度和温度》《起床时的 8 大禁忌》《如何让过期化妆品变废为宝》等。

马李灵珊的成名文章《“痞子” CEO 唐岩》，标题就很有喜剧感，痞子怎么能当 CEO，CEO 如果是痞子公司咋办？一篇文章，不仅让唐岩的形象由负转正，而且深入人心，更令作者马李灵珊拿到一笔风投，走上了创业之路。一篇千字文章抵得上千军万马，为什么？因为学习是人的本能，人们喜欢分享和传递有趣的、实用的信息，在分享过程中建立更加强有力的社会链接，让朋友们感受到自己的价值，促进双方的友谊。

以经验为依据的心得分享，容易被分享。比如餐厅的点评、汽车的评价、旅游攻略、育儿知识等。

学习类病毒数量对比请详见表 4-4：

表4-4　学习类病毒内容的数量占比

类型	互动	视频	图片	文章
学习类数量/总数量	1/38	3/34	0/8	9/20
占比	3%	9%	0	45%

（1）学习类病毒内容共 13 个，其中文章类 9 个，占到了 69%，可见学习类内容要想实现病毒化，最好的形式应该是文章。如《“痞子”CEO 唐岩》，以生动且入木三分的笔调将创业者的生平个性勾画得淋漓尽致，

在互联网上形成了爆发式的传播。为文章的主人公唐岩和陌陌赢得了巨大的社会认同和声誉。

（2）学习类病毒在视频中占到12%，比如米歇尔·潘（Michelle Phan）的视频《如何画出Lady Gaga的眼睛》，就是弥补受众知识缺口的病毒内容，获得了百万级别的注册粉丝。这位早年辍学痴迷化妆技艺的小姑娘的随手一发，谁也没料到竟然能帮她成就出千万家业。

（3）学习类病毒如果伴随着恐吓对比的方式，就能形成极具性价比的病毒内容，如《不睡觉，人只能活5天》《一天不大便有问题吗》《人类可以长生不老吗》等病毒软文文章帮助脑白金启动了市场需求并迅速畅销大江南北。

23

支柱五：宣泄，发泄内心的汹涌，一起笑来一起哭

微信文章《77年前美国人拍下的南京大屠杀真实影像》，其中触目惊心的图片，唤起了人们强烈的震惊、悲悯和愤怒，得到广泛的转发。视频《忠犬帮主人挡子弹》，表达了狗对人类的忠诚，激发了人类尤其是爱狗养狗者的情感，得到疯狂转发。微信热榜《有个懂你的人，最温暖》表达了人际交往中最永恒的主题——孤独，获得疯狂转发。

2010年YouTube评选出来的十大病毒视频中，多芬（Dove）公司推出的"Evolution系列"表现出众，将性感美女的出产过程全部揭秘，证明美丽都是PS出来的。该视频解放了在电视广告的美女轰炸下被压抑的女性人群，获得广泛的支持和认可，当然也获得了上亿的转发量。希思兄弟认为，情感解决的是使人关心和在乎的问题。基于移动社交网络，单纯取得受众的信任还只是第一步，如何让受众将这份信任付诸行动，还得要关心和在乎。

威廉·舒茨的基本人际关系取向理论，解释了底层小组织的人际关系。他认为：当人们聚集成小组，是为了获取三种人际需要：吸引和

开放的需要、控制的需要、归属的需要。情感的表达和宣泄，集中反映了“归属的需求”。

2012年有人认为情感传染（Emotional Contagion）指同一群体内的情感的趋同性。同一个群体内的个体趋向于保持一致的情感状态，如愉快、可爱、愤怒、丑恶等。同一族群内的人，如熟人之间，更倾向于分享幽默关怀等正面情绪；不同族群内的人，倾向于分享愤怒的信息。要驱使内容病毒化，就得在受众尚不关心的事情和非常在乎的事情之间建立强有力的关联。宣泄类病毒内容的数量占比详见表4-5：

表4–5　宣泄类病毒内容的数量占比

类型	互动	视频	图片	文章
宣泄类数量/总数量	1/38	4/34	3/8	0/20
占比	3%	12%	38%	0

（1）宣泄类只有8个，原因可能是宣泄类内容过于偏颇，不符合理智、幽默、积极的正面形象，有损于社交货币的获得。

（2）情感宣泄，如“不放鞭炮和少放鞭炮”和“南京大屠杀纪念”等主题具有时限性，很难持久流行。

（3）小米手机、净化器等抢购失败，转而在移动社交媒体上抱怨，称得上是情感的宣泄。其转发和应和一定程度上造就了小米手机的流行动力，但其实是把双刃剑，用起来一定得小心。如多芬的Evolution视频，揭露出时尚美女大多是PS出来的，其实很难有转发和分享的驱动力。首先美女不会转发，因为这有可能是自我抹黑；丑女也不愿意转发，免得被指摘为嫉妒。《江南Style》和《小苹果》，靠的更多是夸张的舞姿和旋律感极强的音乐得以流行，勉强算作情感宣泄。

24

支柱六：探索，激发互动与参与，亮出你的态度来

风靡一时的ALS冰桶挑战赛（ALS Ice Bucket Challenge）活动，需要参与者发布自己被冰水浇遍全身的视频，然后该参与者可以点名要求其他人来参与这一活动。被邀请者有两个选择：或者在24小时内接受挑战，或者选择为对抗“肌肉萎缩性侧索硬化症”捐出100美元。冰桶挑战是极为典型的探索驱动营销内容的案例，通过刺激好玩的冰桶，将“肌肉萎缩性侧索硬化症”推广到全世界，科技界、体育界、演艺界全面参与，大获成功。这场发端于社交网络Facebook的线上活动，经过电视媒体的传播后，演变为更大规模的线下活动，越来越多的名人和普通人都参与进来了。短短一个月，已经有120万个冰桶挑战视频被传到Facebook上，有超过1500万人的评论挑战。Twitter上有超过220万的话题讨论量。

汤姆鞋推出“one for one”活动，承诺你买他一双鞋，他将送出一双鞋给贫困儿童。对比以往企业捐出收益的一部分来做善事，汤姆鞋的做法类似于冰桶挑战，更加直观。消费者更容易能体会到自己在

其中发挥的作用，在进行每一笔交易时，他们更能体会到世界上有另一个具体的对象会因为自己的这次购买行动而获益，是比较容易建立个人情感连接的公益策略。

探索是一个很有意思的驱动力，它不是强调和炫耀，它为你提供选择，它就像一个游戏，只是邀请你互动参与，亮出你的态度。

探索类病毒内容的数量占比详见表 4-6：

表4–6　探索类病毒内容的数量占比

类型	互动	视频	图片	文章
探索类数量/总数量	17/38	1/34	0/8	1/20
占比	45%	3%	0	5%

（1）以探索驱动营销内容的病毒化共 19 个。如 1996 年和 1997 年，Hotmail 是第一个利用病毒营销技术获得极大成功的互联网商业机构。仅仅是在每一个邮件的底部，增加了一句广告语——“你可以到 Hotmail 注册免费电子邮箱”，在 18 个月内就获得了 1200 万的用户。当时，这是历史上最快的用户增长速度。当它获得 6600 万注册用户时，每天新账号的增长量达到了 27 万。

（2）激发互动与参与是营销的惊险一跃，以探索的形式，实现人与人之间的深层交流所形成的病毒，如 QQ 漂流瓶、开心网偷菜，尤其是微信抢红包游戏，风靡全国，深入人心。汉堡王使用了数个营销推广策略，如 2004—2007 年的“温顺的小鸡”的市场策略，从电视广告导入互联网广告，用户输入动作而互联网中的小鸡做动作，显得十分有趣。

（3）探索驱动内容病毒化相对比较复杂，不像视频、文章等可以模仿，它要求规则的制定清晰易懂，游戏的过程简洁明了，最关键是得让人像抢红包一样上瘾。

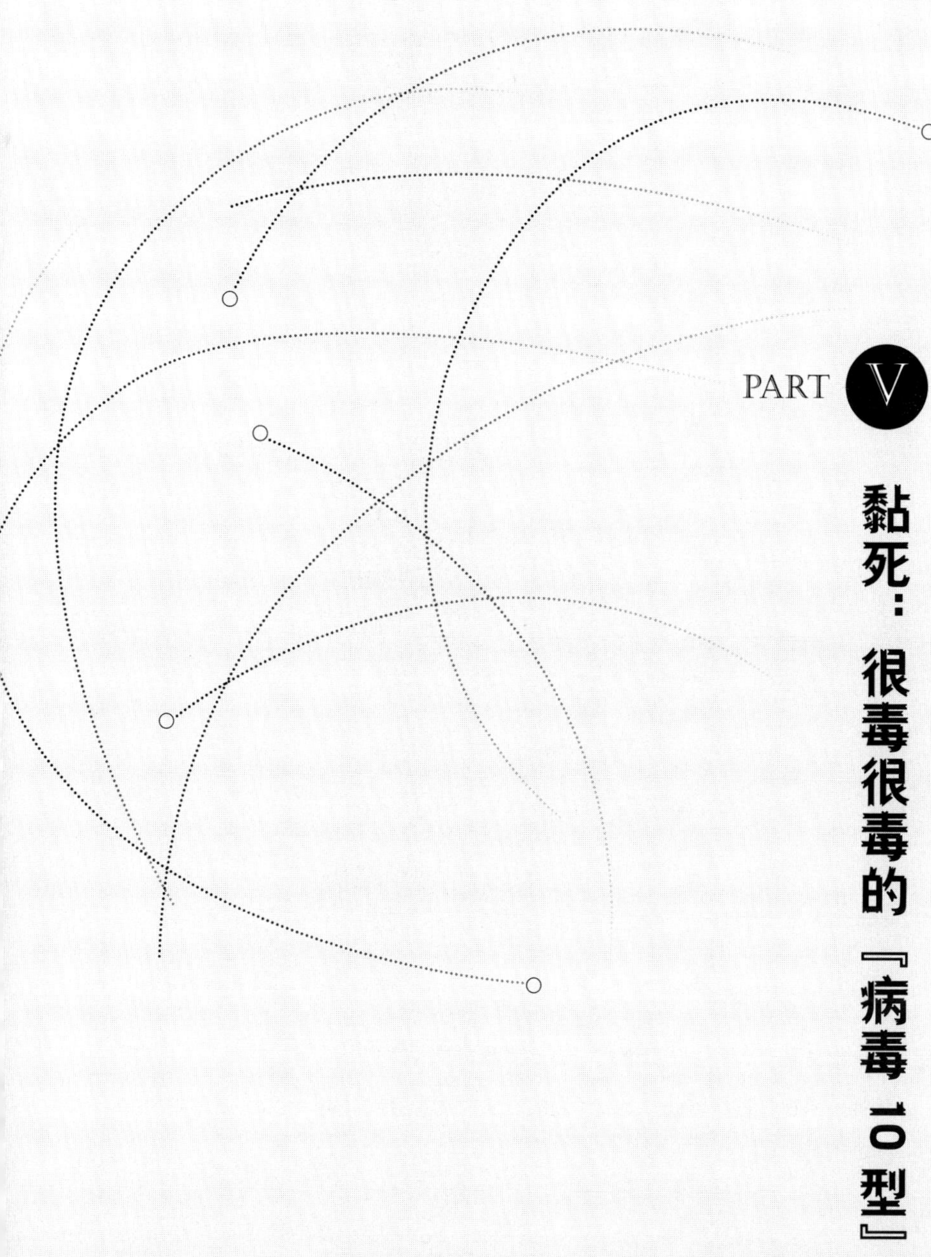

PART V

黏死：很毒很毒的『病毒 10 型』

“产品就是内容，内容就是传播；传播就是营销，营销就是社交；社交就是游戏，游戏就是品牌；品牌就是销售，销售就是产品。”这就是这个时代的营销。

人类是如何被观念而非事实控制的

上一章我们详细分析了新媒体时代病毒营销的6大支柱，帮大家理清了病毒营销的核心驱动因素其实是来自于社会心理学层面的“3层6类”，这一章笔者将重点放在了病毒营销的操作方法上，即如何一步一步地实施和开展病毒营销。

市场营销，无论是传统营销，还是病毒营销，最直接的目的是一致的，即“消除怀疑论，创造代入感”。2011年中国城市人口比例首次超过50%；2013年中国互联网用户中的移动互联网用户比例首次超过50%；互联网已经成为中国新的基础设施，就像蒸汽机代表的第一次工业革命、电力代表的第二次工业革命那样，互联网+时代的全面到来，意味着互联网在中国传统制造业的全面渗透和营销方式的变革已然是大势所趋。也就是说，要通过互联网来实现消除怀疑论，营造代入感，也必然是大势所趋。

对于中国传统企业而言，如何借助信息、虚拟社区与现实社会和消费群体进行互动，是互联网+时代营销的根本使命。利用移动互联技术加上洗脑攻心的病毒营销策略的实施，与更多的消费者低成本地建立“链接”，持续地创造市场需求，重新定义自己的市场边界和产品边界，实现最优的营销和传播绩效。

互联网的信息量暴增、网络越来越模拟现实生活、移动互联网对营销效果的测量越来越量化、潜意识惊人，这四大趋势导致的直接结果是：营销本身将变得越来越纯粹，传播越来越低成本，病毒营销越来越有力。笔者这些年的心得是：归类化思考，结构化表达，洞穿化策略，水平式创新，颠覆式说服，病毒式传播。话虽然简单，但句句来源于实践和血泪经验，诸位可以感受下。

人类是如何被观念而非事实控制？我们如何借助病毒营销，借助深入人类骨髓的、源于石器时代的“炫耀、强调、猎奇、学习、宣泄、探索”等3类6点原始冲动，实现品牌的一夜成名？有数据表明，企业80%的营销投入都是低效甚至无效的。提高营销的成功率成为企业首要解决的一个老大难。本人历经多年的营销实践经验，总结出10种创新类型，其实也是病毒营销10个环环相扣的重大步骤。病毒10型的目的是突破围栏思维，不再将营销囿于产品和品牌，而是从企业运营贯穿到用户体验的全过程。本文还揭示了利用这个模式找到创新机会，并落实到企业行动的具体方法。

2015年10月，在与某互联网推广高手畅谈了4个小时后，笔者总结出一段话：“产品就是内容，内容就是传播；传播就是营销，营销就是社交；社交就是游戏，游戏就是品牌；品牌就是销售，销售就是产品。”这就是这个时代的营销。互联网+时代提供的崭新的传播媒介将颠覆现有的企业价值链，迫使企业重新思考自身的结构、方法，甚至组织架构。正如上面的例子所提醒传统企业家们一样，移动互联新媒体将深刻地改变现有的产业结构、关键成功因素和竞争本质。

笔者认为开展病毒营销有10个关键环节，简称“病毒10型”。

（1）项目选择的病毒化。如何确定和找到一个极速成长的行业？也就是所谓的台风。选择不对，努力白费，那么判断行业的标准有哪些？

如何找到一种全新的方法，将产品服务转化为源源不断的利润，即保证自己始终奔跑在正确的道路上？

（2）组织和流程的病毒化。“结构决定功能，流程决定效率”。既然要做并且想要做好病毒营销，首先必须在组织结构上予以设置和保障，建立专业的方式组织和调配企业资源来创造“病毒”，对人力资源和资本进行独特配置，改善营销部门的职能，以实现富有创造力和生产力的环境。既能超越竞争对手，又能吸引和保留人才。

在流程设置上，尤其是策略、创意、创作、评审、投放、测评等环节，要建立起完全不同于以往企业市场部的价值创造步骤，使病毒营销真正能发挥高效的作用，形成企业的核心竞争力，建立起几年甚至十几年的巨大优势。

（3）品牌名称的病毒化。在这个信息喧嚣的时代，无论怎样强调一个好名字的重要性都不为过。一个有病毒力的好名字更是令人印象深刻，帮规模化的企业省出上千万的传播成本也绝不为过。好名字的作用是“一句话顶一万句”，帮消费者建立购买偏好，赢在起跑线上。

（4）形象个性的病毒化。公司什么都不是，品牌什么都不是，技术什么都不是，但人是！你为什么做这件事？别人为什么要跟着你做这件事？在未来消费者的心目中，你究竟具有怎么样的品牌形象，这是形象个性病毒化的关键。

（5）营销定位的病毒化。品牌定位，决定商业游戏的切入点，“能做新绝不做旧！这个山头当不了老大，立即抽身，另选山头！”这种先进的商业思维和营销技法就是定位。营销是皇冠，“定位”绝对是皇冠上的钻石，定位是“做对的事”，是决定你生死成本的关键点。而所谓的努力、团队、创意，都只是局部优化和锦上添花。如何给产品做品牌定位，让它像尖刀一样插入消费者的心脏？插入竞争者的软肋？如何定位你自己，搞清楚自己与团队的使命和存在的价值——定位定天下。

（6）销售概念的病毒化。在销售概念的打造功力中，很少有能超过医药保健行业的。如何通过平易近人的表达让消费者脑袋长草？如何让消费者对价格的敏感降到最低，甚至毫无议价的能力？如何让产品像病毒一样在流通中疯狂蔓延？

（7）内容文案的病毒化。任何行业都是媒体，任何产品都是广告。产品策略的设计中要将产品的病毒性与功能性相结合，内容创作中要将行文风格和病毒系数完整考虑。未来的商业模式也就9个字：做内容、吸粉丝、卖产品。首先当然要制定内容策略，策略决定成败，创意加速进程。内容是击穿受众最柔弱部分的才华，是唤起受众立即行动的最天然的理由。

（8）产品设计的病毒化。世界越来越虚化，有价值和想象力的产品一定是满足了消费者深层次心理需求的产品。奢侈品让你看起来更加成功、更加富有和更加自信，彰显了你的社会地位，暗示了你的专业能力，无形中帮你获得事业上的成功和更多的商业机会。它不仅仅是一辆车，更是一个社会名望和商誉的印证与载体。它就是一个很大很大的病毒，这种病毒被企业巧妙地植入了你的头脑和心智之中，它在你头脑中生根发芽和长草蔓延，让你的企图心和雄心具象化和标签化。

（9）社交媒介的病毒化。社交媒介的病毒化最根本的原则就是要找到最具社交性和病毒性的平台，如微信、Twitter、Facebook、QQ空间等。在互联网＋时代，每个人都可能变成一个病毒点。

（10）粉丝运营的病毒化。古斯塔夫·勒庞认为偶像崇拜有5个特征：偶像总是凌驾于信徒；信徒总是盲目服从偶像；信徒没有能力也没有意愿对偶像规定的信条进行讨论；信徒有着狂热的愿望，希望把偶像规定的信条广为传播；信徒倾向于把不接受他们的任何人视为仇敌。

接下来，让我们逐一分析吧！

25

项目选择的病毒化：能赚钱的暴利行业究竟在哪里

雷军在互联网界肯定不是个winner(胜利者)，他做的金山杀毒输给了360杀毒，他做的电商输给了当当，他做的米聊也输给了微信。也就是说，在互联网行业，雷军不属于超一流人才，但是雷军开始做手机了。不到5年时间，从2011年的0做到了2015年销量超7000万部。有人在网上调侃“二流的人才进入三流的行业，没想到做出了一流的企业”，这就是行业选择的重要性。

你的战场在哪里？你有没有奔跑在正确的道路上？套用一句时髦的话：“不要用战术的勤奋掩盖战略的懒惰。”这些都是市场选择的宿命与救赎。有些钱，天上飘，只能看看而已，与你我无关。市场选择直接决定产品和企业的成败。如果这个山头当不了老大，就一定要及时转向，另辟出路。新出路或新战场唯一的遴选标准是：是否契合企业核心竞争力。基于核心竞争优势的新市场创造，才是战略王道。你究竟有没有找到一个“利润像病毒一样自动疯狂繁衍”的项目？

2010年，国美电商收购库巴网，成为零售行业探索电商的领先者。

但由于实行双品牌战略，没能完全借力于线下实体店的品牌效用，国美日益坐失市场主动，看着京东日益强大，直至不可追赶。2014 年国美在线全年交易额为 77 亿元，而京东呢？2602 亿元。昔日平起平坐的对手，如今已经遥不可及。

选择一个利润能像病毒一样繁衍的行业

2015 年 8 月，笔者见到一位准备去“敲钟”的做美发行业 O2O 的创业者，其 APP 下载量已经达到近 2000 万，准备筹划另一个项目。当然还是基于 APP 做一个电商平台，名字叫作“看着给”。意思是：微信商城上面的所有货物，不标价，你看着给钱。其实仅从项目本身的立意上，就是一个能迅速吸引注意力的“病毒项目”。也就是说，项目本身是相当讨媒体喜欢的，接下来讨论的关键就是“如何让这把火继续烧下去”。

丰裕时代，只有把产品卖出去，企业才能转起来。能做大的企业家，哪个不是选择行业的高手？柳传志选择做 PC、段永平选择做复读机、雷军选择做手机、周鸿祎选择做杀毒软件……钱多事少不白干，行业是关键。

笔者的一个研究生同学，在地产行业干了 8 年，现在在北京有两套房，没有贷款！另一个同学，在家电行业干了 10 年，现在家里一大堆电器，但房子只有一套，又小又憋屈，还有贷款。这就是对的时间入对行业的重要性！

2004 年夏末，尽管 hao123 当时每月纯收入 70 万元，但初中毕业的个人网站站长李兴平还是决定将 hao123 卖给百度，换了 1190 万元现金和 4 万股百度股票。hao123 当年的流量，占了百度的 40%，好像李兴平吃亏了。但是他后来将千万现金一股脑全买了腾讯的股票，并且将百度股票长期持有。2009年至今，百度股票票价翻了20倍。

2004年我的房东，一对来自武汉的农村老夫妇，咬牙跺脚在北京通州买了5套房子。那时没有限购，贷款也相对容易，售楼处门可罗雀。一平方米2000元，每套房首付5万元，月供800元。现在呢？一平方米20000元，首付最少50万元，月供最低8000元。

1980年，船王包玉刚看空海上运输，为实现100%战略转型，不惜砸掉货船当废铁卖！以隆丰私有化亚航，实现弃船登陆，后强收九龙仓，全力以赴向地产转型。其中财技炫目精彩纷呈。而几乎同时，会德丰集团的董事长——英国人马登，竟然看空地产，大幅度将资金从地产转向航运。结果呢？船王越发霸气外露，衣着光鲜；而马登，3年后亏损6000万港币，不得不卖船还债，几近破产。看空、看多，一念之差，家破人亡，天堂地狱！

项目选择能否成功，要看三个维度：（1）主观和规划能否适应客观及变化；（2）目标能否匹配核心竞争能力；（3）核心能力能否契合商业模式。简而言之，即：认识层、目标层和模式层。创业是从无到有创建帝国，是商业中最激动人心的高潮。商业存在的核心特点就是承担风险，规避风险是创业者的关键素质。用美国投资家查理·芒格（Charlie Thomas Munger）的话说，逆向思考，防止最坏的情况发生。用孙子的话说，“先为不可胜，以待敌之可胜，不可胜在己，可胜在敌”，主张有备无患。

锁定最终结果和核心需求，建立由外而内的思考序列，从而不要被自身的资源和能力捆绑，导致决策失误。一个公司的未来，基本上是被三种因素锁定：一是资源，二是价值观，三是团队。因此，一定要建立低风险战略。商业风险的来源有三：消费变化的风险、竞争超越的风险和自身失控的风险。建立低风险战略有三个步骤：先定义需求风险；再定义竞争风险，明确不能被竞争对手仿效的核心竞争目标；最后定义能力风险，运用核心目标降低能力风险，将现有能力用于当前的价值链。

能发财的暴利行业，究竟在哪里

其实，对于企业而言，无论是所谓的多元化还是专业化，无论是投资股市，还是投资房地产和 IT，在项目的选择上，一定要先对项目的行业深入探讨和研究，选对了行业，剩下的只有付出和等待。同样的辛苦程度，回报概率上无疑更高。行业选对了，意味着借上了大势，抱住了大腿。病毒营销才能如虎添翼，水到渠成。这是战略层面的选择。但选择行业相当难，如果拆解开来分析，你得考虑利润率、竞争程度、核心资源和技能等；还要考虑生产、加工、物流、广告、渠道、促销等；另外，包装设计、心理学、经济学、财务分析、人力资源等，都得考虑。但从病毒营销的视角来看，其实也不难。笔者从人性需求、财务回报和蓝海战略三个角度帮你选择了利润能像病毒一样自动繁殖的行业。

● 从人性需求的角度，帮你找暴利行业

暴利行业，从营销来看，就是人性中最原始最冲动的多频硬需求。而硬需求无非这几个：

第一，老人、病人最关注健康，所以医院、医药行业等值得考虑。

第二，女人最关注美丽，所以美容、化妆品行业等值得投入。

第三，儿童的教育问题是大家最舍得花钱的，所以幼儿教育和高

端培训行业是没有问题的。

第四，性爱产品行业，也是不错的选择。

第五，穷人要赚钱，随之而产生的创业指导行业，如孵化器之类，还有小额贷款行业，也是小投入高回报。

第六，富人要享受，因此旅游业、休闲产业、文化娱乐产业也是大势所趋。

综上所述，这6类行业基于人性需求，强劲而多频，找到他们最需求的也就是最赚钱的，值得重点考虑。

从财务回报的角度，帮你找暴利行业

评价企业的盈利能力，比较好的工具是杜邦分析法（DuPont Analysis）。

考察条件有以下几个：

第一，销售净利率得高：如眼镜行业、洗脚按摩行业、钻石行业、培训行业等。

第二，资金周转率得高：如餐饮行业，能提高供应链速度，就能提高资产周转率，如苹果CEO库克，戴尔公司出身，是真正的供应链高手，将苹果的库存周期从14天降到4天。

第三，负债程度尽量高：尽量用别人的钱来赚钱，如房地产行业。风险控制OK的情况下，负债当然越多越好。

从蓝海战略的角度，帮你找暴利行业

一位“85后”在微信上问笔者：“手里只有2万块，想创业，怎么办？”笔者说：“不如学个技术吧。”这哥们绝望地问了一声：“挖掘机吗？”发过来一个流泪的表情。

观念决定生死，方向就是智商。笔者从认识的亿万富翁身上总结出 7 个字——能做新绝不做旧。传统餐饮食品类的大都是“60 后”，开始掺入互联网的是“70 后”，玩大家都看不懂的比特币是一群“85 后”，更让人看不懂的是一群在微信、微博上卖酸奶的“92 后”。别人看不懂，你才有戏！

差异化是西方竞争战略中的一个经典词汇，但国内经常把“蓝海战略”和“差异化”相混淆。一方面，差异化伴随的是高成本，而蓝海战略讲究从战略层面对市场元素进行跨界融合，实现高价值的同时还能低成本。另一方面，在项目选择上，很多人句句不离“市场细分”，正如《蓝海战略》（*Blue Ocean Strategy*）的译者所解释的，市场细分是为了寻找利基市场，而蓝海战略讲究的是抓住顾客与非顾客的共同点，打通市场区隔，与市场细分的逻辑和路径完全相反。

中国人出了名地喜欢开饭馆开餐厅开美发店，赚钱不赚钱，先混个肚儿圆。这种创业最不费脑子，貌似最安全，但其实真是一片红海，甚至是“血海”。现在房租、物价吃掉了实业 60% 以上的利润，你怎么赚钱？做新不做旧，这是发财的秘诀。“新”代表着趋势和未来；代表着摸不清楚的利润率，也就是高利润；代表更少的竞争对手；代表着更低的创业成本。

笔者 2013 年去长沙给一位医药保健品行业的传奇人物做营销，酒桌上他坦言：“我只做新行业！这个山头当不了老大，迅速抽身，另占山头，一定只做新行业的老大。老行业早都被算计透了，没法玩儿！”

“香港股神”曹仁超爱说大实话：“我们数百万的中产阶级已经占着位子，这后来的一批如何上位呢？我这个位置月入十几万，坐得好舒服，你想让我走？我不但不会走，更专门不让你上来！因为我没有责任让你上来的，这个位坐得我很舒服嘛！"

蓝海战略代表了先进的创造新市场和新客户的方法与逻辑。传统企业家和创业后来者一定要学会跳出盒子去思考，要站在既得利益阶层的角度反观出路，将欧美、中国一线城市成功的模式拿去亚非拉国家或者中国三四线城市去玩。这就是所谓的"降维攻击法"，这也是"新"。

对市场现实进行跨界重构才能开创新需求。马云当年做黄页和李嘉诚当年投资 3G 一样，大家都看不懂。杰夫·贝佐斯（Jeff Bezos）做 kindle，投资人叫衰声一片；刘强东重金投物流，大家齐声反对。等你想通了想追进，窗口关上了，门也没有！

曹仁超说得很透：这个世界永远都是有智慧的吃没有智慧的，动作快的吃动作慢的。后起之秀要想突围，就得玩新的！玩老前辈看不懂的！你在李嘉诚面前玩地产、雷军面前玩手机、麦当劳面前玩快餐，这明显是没有前途的。

互联网 + 时代，一切落后的、低效率的行业，都是你的起点和机会。你要凶猛地在铜墙铁壁中搜寻突破点，去"颠覆"食利者。像优步那样打破租车公司的饭碗、像京东那样打破零售商的饭碗、像无忧英语（51Talk）那样打破英语学校的饭碗、像百度外卖那样打破传统餐饮的饭碗。

26

组织和流程的病毒化：至少得是个CMO或者副总裁

史玉柱曾经讲过，他曾拜访过芬兰的 Supercell 游戏公司。此公司一共才 169 名员工，但其 2014 年财报显示，公司当年营收 17 亿美元，税前净利润是 5.65 亿美元，利润率为 33.2%。

结构决定功能

病毒营销首先要解决结构问题。生物学中有个规律——“结构决定功能”。精明能干的领头人，团结一致的骨干，足够多的授权，因地制宜的决策，迅速的市场反应，就能帮助企业获得 10 倍的成长。

正如史玉柱所说，人少而精则薪酬高，人际关系简单，工作充实成就感高，公司成本低而且管理方便；反之，则闲人生是非，人无事可做，就有破坏性，抵消他人所做的贡献。这个世界充满了太多平庸，如果你只是想把一件事情做得比别人好 5% 和 10%，不过是在浪费生命；比平均水平好 10 倍、好 20 倍，历史就会记住你。

病毒营销本身绝不仅仅是在传播上炒作、出奇出丑和乘虚而入，这一类所谓“病毒”的泛滥，迎合了传统企业浮躁偷懒的心态。找个第三方发几篇耸人听闻的文章，何乐而不为？问题是，作为病毒营销，单纯的新闻炒作毫无作用。媒体已经足够哗众取宠，一两个炒作如石沉大海，小浪花都不会激起来。而且无论哪个行业，任何产品设计和概念炒作都将在最短的时间内被破解。所有成功的病毒营销后面隐藏着坚实的组织保障和流程约束。

2015年1月28日，李宁公司在原有架构的基础上，开启以核心品类事业部集群为主要内容的事业部组织架构，尝试从市场分析、产品规划、产品设计、上市规划、销售渠道策略、消费者沟通方案等方面形成垂直一体化管理，使核心品类成为驱动公司未来发展的利润中心。李宁公司大改组织架构，以核心事业部集群为主，进行垂直管理，就是为了创造适宜创意生长和发展的内部环境，跟上瞬息万变的顾客需求。

微信红包是腾讯旗下产品微信于2014年1月27日推出的，与2015年春节联欢晚会的互动，让它甚至抢了春晚的风头。微信官方公布的数据显示，2015年除夕当日（2月18日）微信红包收发总量达10.1亿次；其中18日20:00至19日00:48，春晚微信摇一摇互动总量达110亿次。这个引发全民抢红包奇特热潮的营销，是建立在微信的基础研发中心这个强大的组织保障之上的，其中的创意风暴、基础测试、系统扩容、产品修改、二次内测、春晚植入等，都有严格清晰的流程予以保证。

病毒管理三要素

如何使传统企业的组织和流程实现病毒化？离不开“选领袖、定策略、做绩效”的病毒管理三要素。

选领袖

首先，要找一位懂病毒营销的高手，至少要给他CMO或者副总裁的职位，直接对“一把手”负责，并辐射整个企业管理和运营流程。有大老板在身后强势支持，此人就能使病毒营销深刻影响到产品设计、创意管理、媒介组合、线下促销等一切价值链环节，保证病毒的系统力和穿透力。当然他也需要自己搭团队，如果是传统企业尤其是相当成熟成功的传统企业，则比较困难。如果老板弱势，就更加难做事，不如放弃。最合适的是寻找小而勇猛，老板励精图治、杀伐决断迅速果断的平台，使产品研发、包装设计、品牌管理、媒介投放和市场促销等环节能尽在掌握。重新搭建以病毒营销为核心的顺畅平台，充分发挥高敏捷小团队的潜力，使更多年轻人才冒出来，从而保证每个环节“毒性一致”、有重点和有节奏。

选领袖的本质是为病毒团队充分授权。只有得到充分授权的病毒团队才能创造出“毒性十足”的病毒产品。你无法想象一个营销总监，能够调动整个公司的资源和技能实现营销目标。为什么负责病毒营销必须获得至少CMO或副总裁的职权，因为这样就不需要过高的沟通成本和资源整合成本。

比如要开发一款基于微信平台吸粉丝的“病毒插件”，你如果是副总裁，只需要叫来技术总监和营销总监，三个人一碰头，制定策略，然后把任务安排下去，第二天中午这个“病毒插件”就能做出来，晚上选择一个合适的时间放出去，就开始发挥效果了。如果你是营销总监，首先你得写报告给CMO或主管副总裁，然后此人有没有时间看不知道！能不能看懂不知道！看懂后能不能支持你去做不知道！即使支持你，技术总监配不配合不知道！即使配合，时间上能不能跟得上不知道！这一连串的“不知道”下来，能做起来和做成的概率就已经微乎其微了。病毒营销毫无疑问能帮助企业和品牌一夜成名。但结构决定功能，职权决定效率。

有了领袖当然必须要有团队。小米第一轮融资时，当时只有一个主意，连商业计划书都没有，在想法也没有很清楚的时候，风险投资人刘芹毅然按2500万美元的估值，投资了500万美元。他看的是什么？人！6个月后小米第二轮融资，估值竟然达到了2.5亿美元，此时小米只有54人的团队，其他什么都没有。54个人值2.5亿美元，看的还是人。第三轮融资估值就到了10亿美元，小米那时候只有34万部手机的订单，一部手机都没卖出去！什么最值钱？还是人！

史玉柱认为中国传统企业在组织建制上有误区：“先计算部门的工作量，先画一个大圈，每个人是一个小圈，要找很多小圈把大圈给盖上，但由于多数工作具有脉冲性，并不是每个时间点都需要这么多人。”所以在病毒营销的建制上，必须要求精兵强将，宁缺毋滥，更要求扁平化，建立起来一个强大的病毒平台，平台上所有的东西都是共享的。每个人在病毒营销中所做出的成果都要放在平台上，让其他人研究和共享，彼此之间产生交叉效用。

定策略

定策略毫无疑问是病毒营销战略。现代营销学之父菲利普·科特勒说过：营销是如此重要，以至于营销部根本无法独自承担起营销的重任。战略的本质是重点论，既然以病毒营销为战略，那么必须从整个组织的资源和技能上都要做好充足的调配与准备。商业以人为本，对病毒营销人才的招募和培养，“一把手”要作为一个重大而且长期的任务来抓。这毕竟是未来最重要而且最有效的营销方式，而企业的使命就是营销和创新。

有人向笔者讨教传统管理学中所谓“策略”的定义。我举个例子：北京堵吗？答案是堵也不堵。比如凌晨 4 点，晚上 12 点，你看堵不堵？知道什么叫“人车合一、贴地飞行”吗？“创造并保持一种差异化的获利方式”，这个动作，用个貌似“高大上”的词汇表达，即“战略”。战略的反义词是“面面俱到和平均用力”，它的本质是重点论；方法论是聚焦，希望的结果是“一点突破全面繁荣”。当然这里的重点论就是将企业的资源和技能都集中起来投放到病毒营销中去。

2015 年 3 月，李宁宣布与生产小米智能手环的华米科技签署战略合作协议，通过将鞋、APP 和线上平台有机结合，以“专业指导”和“量体裁衣”建立客户黏性，搜集跑步者的数据，并将数据反馈给研发团队，极大地提升了产品研发的针对性。这就是在产品研发之初就考虑到客户黏性和数据收集等病毒营销策略的例子。

李宁自己也总结过，他认为今天的互联网不仅仅是一个工具，更是一种体验和生活方式。李宁的整个物流、产品构造、商品购买和使用体验，都将想办法围绕互联网，做到真正地符合购买者的习惯。在这一点上，产品创新、品牌建设和营销合一都非常关键。

史玉柱是传统行业与互联网行业双双涉足并且都得过高分的“天才生”。他坚信“公司只有三个人可以谈战略，其他人要全力以赴抓好执行”。

做绩效

带队伍最重要的是建立“病毒绩效体系”，这是团队能否做成事的标准和保障。如何制定绩效制度，如何衡量病毒水平，如何实现快速反应，如何将病毒营销的策略、流程和工具在商业价值创造中一以贯之，这些都是流程设计中的难点和重点。用制度管人，用流程管事，在“带队伍”这个环节要把病毒营销的“搭班子”和“定战略”真正落到执行上来。可以参考小米的“将人员管理嵌入业务管理，把内部沟通融于外部，做出让用户疯传的病毒内容。让病毒作品成为引领激励和衡量一切的方向标”。

总之，病毒营销对抓时点的要求很高。一个热浪过去，可能也就一两天，如果还像传统体制那样，层层上报总部研究、决策，再层层反馈至各地，常常耗时至少一周，那时，黄花菜都凉了。

27

品牌名称的病毒化：向好记星学品牌命名

组织和流程建好了，项目也选好了，接下来第一步是什么呢？当然是品牌命名。

中国有句老话：名不正则言不顺，言不顺则事不成。品牌名称最大的价值就是“争取一次让人记住”。令人感兴趣，令人印象深刻，令人有购买和尝试欲望，减少消费者的记忆门槛，最大限度地降低传播成本。

品牌命名如何实现病毒化

移动互联时代的品牌命名尤为重要，互联网公司的品牌部和市场部充斥着本能会利用病毒营销的高人。好多成功的名字简单易记，朗朗上口，令人拍案叫绝。如美图秀秀、滴滴快的打车、叫个鸭子、饿了么、知乎等，可谓精彩纷呈。

笔者创业做了一款饮料，这种饮料是市面上很少能见到的燕麦饮料。怎么为它起个名字呢？经过两个月辗转反侧，终于想到了一个名字——燕小麦，就是在“燕麦”中间加入一个“小”字，让产品变成一个人名。当然为了好注册，也为了表明这是一款饮料，同时和小麦区隔开，最终改成了“燕小唛”。传播语是什么呢？当然是“喝燕麦，只喝燕小唛”。品牌名称最直接的验证就是品牌联想，从“燕麦”到“燕小唛”，怎么样？病毒力十足吧！

小米合伙人黎万强，在总结小米的品牌命名时认为，品牌名称的中文名要有七大标准：（1）中文名称要容易记忆和容易传播；（2）配套的顶级域名要保证能够注册到；（3）商标必须要能够注册；（4）要便于以后的国际化推广的方便；（5）在我们的日常生活中要熟悉；（6）要富有色彩感和富有情绪；（7）要保证实现三位一体，即要保证名称、标志和域名，三位一体最优组合，防止在搜索引擎和日常传播中有任何流量上的损失。比如，小米花了360万美元买www.mi.com；Facebook砸了850万美元收购了FB.com；360公司更是以1700万美元的天价，从沃达丰手中拿下了梦寐以求的域名360.com。

另外，京东花了500万美元买的jd.com，预计能帮京东节省超过1亿元的流量推广费用。根据数据显示，京东在2013年启用新域名jd.com，域名排名上升至中国第28名，而原来的360buy.com则降至第809名。通过网站关键字搜索“jd”和“jd.com”占了7.5%，而“360buy”占据5%，“360buy.com”占比几乎是0，用户的输入习惯显而易见。除此之外，用户通过其他网站访问至京东的数据比率显示，360buy.com大部分访问量都来自jd.com，占据了22.7%。由此省下的流量费不是一笔小数目。相信在日后，jd.com的品牌影响力会更加深入人心。

向好记星学病毒品牌命名

品牌定位、品牌名称、品牌传播语、logo 设计是品牌营销核心 4 要素。其中，品牌命名的本质是品牌定位，品牌定位的核心是需求锁定。同样，当品牌定位确定了，品牌名称自然也就出来了；当需求锁定了，传播语的创意自然也就不在话下了。本书将不再赘述传播语的病毒创意了。

回到品牌名称的病毒化这个命题，笔者将通过详细剖析“好记星”的案例，来阐述一个“很毒很毒”的品牌名称究竟是怎样诞生的。

好记星，最早叫“电子词典”，后来改叫“学习机”。从病毒营销的角度而言，这个品牌名称的转变意义重大，可谓真正意义上的“以新品类开创实现病毒嵌入”。值得注意的是，“学习机”这个名称的创造者不是企业，更不是什么策划公司，而是由消费者叫出来，后经媒体正式表述，最终被企业确认且强化传播。这一点笔者也在和橡果高管的沟通中得到证实。由此可见，病毒营销绝不是生硬地去闭门造车和无中生有，而是“从消费者中来，到消费者中去”。企业营销负责人需要有一双慧眼和灵敏的耳朵。

在市场营销策划中，品牌命名一般从三点入手：（1）产品特点。如产品卖点、外观形态、销售概念、核心价值等。（2）消费者需求。如年龄特点、阶层属性、工作性质、深层需求。（3）提升新创。即结合客户需求和产品特色，跳出行业去杂交创意。第一和第二点适合大众消费品，第三点更多的是适合奢侈品。三者间无优劣之分，但核心都必须紧扣目标客户的偏好，否则，轻则于事无补重则南辕北辙。再回到好记星的例子，好记星的目标客户较为特殊：父母是购买者，孩子是消费者。对企业营销挑战是：如何一箭双雕搞定此两类人群？

我们深入分析消费需求：父母希望孩子有远大前途，孩子希望能考个重点大学。150 分的英语成绩无论对孩子的前途还是升学都至关重要。而英语想要得高分，就必须要下功夫记单词。这一点是毫无疑问的。好，目前为止，父母的强需求落在实实在在的“记单词”这个具体的需求上来了。

目标消费者最急迫和最现实的需求才是病毒营销的最佳切入点。如何记单词呢？父母都认为自己的孩子很聪明很勤奋，孩子也认为自己已经很辛苦脑子也不差。关键在哪儿呢？原来只是“记性”不好！记单词经常忘。人人追求好记性！有好记性的学生无疑是学校的明星。“好记星”这个“很毒”的名字，成为这款和其他电子词典没有任何区别的产品的洗脑尖刀。

好记星这个“很毒”的品牌名具有三大优势：(1)“好记星”与“好记性”谐音，将电子词典的价值用简朴的最具传播力的口语叫出来，可谓经典。(2)好记星朗朗上口，说起来特别顺。(3)将品牌名称落在实体——“星”即“明星”上，离孩子需求和父母期望很近。当父母和孩子面临记单词的共同难题时，解决了现实难题的“好记星”横空出世，无疑会大受欢迎。笔者认为：在产品设计阶段，营销者思考得越深入越透彻、表达得越清晰越有力，就越能够集中全力创新创造出一个“很毒很毒的名字”，就越能大幅度降低消费者的犹豫和质疑，终端销售自然事半功倍。

笔者认为：大众品营销一般有两个阶段。第一阶段：对着现实需求卖产品，即找到目标客户最急需、最迫切、最现实的诱导和说服。第二阶段：对着日常需求卖产品，即逐渐模糊产品的品类归属，将产品作为满足日常需求的必需品。好记星的第一阶段，利用品牌名称“好记星”以最短的关联路径满足了父母孩子解决“记忆单词”这个迫切且现实的需求；好记星的第二阶段，将好记星归类为“学习机”，同时以

“一部好记星，天下父母情”的经典广告语，将好记星又归类为亲子关系的象征。最终使拥有“英语必备”和“父母必买”双重属性的好记星，完全变成承载英语学习和父母期望的必需品。

从病毒营销的6大支柱来分析，“好记星”三个字切合的是“学习”这个驱动力，将产品的核心利益直接用名字叫了出来。可谓匠心独具，十分有“毒”。

一耳朵就能记住

笔者这近10年，给数不胜数的产品、品牌和企业起过名字。品牌命名是最见营销者功力的课题。得吃大量的信息，反复创意，累得面黄肌瘦、两眼无神才能搞定。名字，一字万金，对应的是销量、利润和推广费用。

笔者2008年做的项目，某东北蓝莓果汁产品，原名叫“野果王”，后来笔者经过两个月，“苦逼”地去大兴安岭调研、自我折磨式创意，给它重新命名为“北纬53”，大家感受下其中的病毒。

上周帮一位互联网金融的创业者想名字。在一大堆“趣投资”“私募贷”等毫无病毒名字的后面，我们发现了“程咬金”和“螃蟹理财”两个毒性十足的名字。尤其是前者，群众基础好、人物个性鲜明、谐音是“诚要金”，与互联网金融理财产品贴近。在最终的传播力和记忆点上是最强的。

还是那句话，品牌命名成功与否，最关键是“能否让别人一耳朵就能记住你”。品牌命名，一半是艺术一半是技术。笔者总结为三个标准：朗朗上口易记忆、形象鲜明吉祥物、戏剧冲突幽默感。供诸位参考。

28

形象个性的病毒化：苹果是怎么给你洗脑的

在符号化生存的时代，你我都在消费符号，也被符号定义。这里的符号就是形象个性的代表。年薪100万是一个符号，联排别墅、奔驰车更是符号，这些符号代表了你的形象和气质，不然世俗怎么知道你成功了？既然不是茅山道士，也不是九华山的猴子，你就需要按照世俗的秩序行走江湖。

领带要用爱马仕（Hermès）、穿鞋要穿菲拉格慕（Ferragamo）、套装要穿杰尼亚（Zegna）；能开奔驰就不要开帕萨特，能买别墅就不要租酒店；能去500强就不要去私企，能当副总裁就不当总监……人的身份，无论是总统还是经理，无论是教授还是卖煎饼的，从某种意义上讲，都是一种自我定义与强化。这种定义和强化的目的，也是为了塑造和彰显个性与自我形象。

当企业愿意融合艺术与数据、理念与理性、直觉与数据时，所有问题都将迎刃而解。营销真正要进攻的是消费者的大脑，形象个性的重要性再怎么强调都不为过。那么我们该如何实现品牌个性的病毒化呢？

怎样给一个水杯加病毒

笔者还是举例子。一个水杯，你肯定没感觉。好，我现在给这个水杯加入病毒。我说:“这是你初恋情人送给你的水杯。”怎么样，有感觉了吧？你甚至都想把这个水杯收藏起来，因为其中有了岁月、情怀和美好或伤痛的回忆。这就是形象个性的病毒化。

很多人做了多年的营销，其实最基本的原理和原则都没掌握。比如说“人们更可能产生感觉的对象往往是人，而不是抽象的对象”；比如说“人都喜欢听他想听到的，都喜欢相信他想相信的”。任何营销必须基于人性本身去设计和展开。

原新东方老师罗永浩，创造了一个手机品牌“锤子”。这就是他的品牌形象，也是他自己的内心投射。如潮的欢呼声中，肯定不是为了产品而欢呼，而是对老罗本人。2015 年 8 月 25 日，老罗在坚果手机的发布会上，打出来“漂亮得不像个实力派”的口号，邀请众网友推荐忘记颜值拼实力的名人。一方面将老罗自己的品牌个性强化和彰显，另一方面给了众网友发泄和互动的渠道与机会，非常好地刺激和带动了市场，让大家认识到坚果手机的体验和功能俱佳的形象。

“罗辑思维”做电商，据说一天卖了 500 万元，但黄牛抢购后在淘宝上倒卖，结果无人问津。也就是说大家愿意付钱的一定不是产品，而是创始人！一定不是你做的什么，做了什么，而是你为什么做。这个 why，才是品牌形象的根本秘密。

其他的，都是雕虫小技。比如笔者手头正在做的燕麦饮料——燕小唛，如何实现快速让消费者记住呢？为什么要设计一个笑眯眯的小女孩的形象呢？为什么一定要在她脑袋上插上一根燕麦穗呢？这根麦穗为什么要放大和夸张表达呢？答案很简单，人能让大家更有感觉，能让人更快地接受和记住；加上麦穗，品牌形象和人物个性更丰满起来；麦穗越大，越发充满病毒性。当别人谈论这个logo时，就会说：“嗯，就是那个脑袋上插着麦穗的小女孩。”

苹果的终极病毒

上面这个例子只是病毒营销的创意小伎俩，难登策略层面的大雅之堂，真正强调形象个性的病毒策略大师，当属乔布斯。美国广告人西蒙·斯涅克（Simon Sinek）替我们提出了问题：

“为什么苹果公司的市值能超过7000亿美元？为什么苹果公司如此具有创新能力？一年又一年，一年又一年，苹果比所有竞争对手都更加具有创新性，而其实它只是一家电脑公司，苹果跟其他公司没有任何区别。拥有同样的途径接触人才，拥有差不多的代理商、顾问和媒体。”

为什么是苹果？听听乔布斯的自白。

我17岁的时候，读到了一句话：“如果你把每一天都当作生命中最后一天去生活的话，那么有一天你会发现你是正确的。”这句话给我留下了深刻的印象。从那时开始，过了33年，我在每天早晨都会对着镜子问自己：“如果今天是生命中的最后一天，你会不会完成你今天想做的事情呢？”当答案连续很多次被给予“不是”的时候，我知道自己需要改变某些事情了。

“记住你即将死去”是我一生中遇到的最重要箴言。它帮我指明了生命中重要的选择。因为几乎所有的事情，包括所有的荣誉、所有的骄傲、所有对难堪和失败的恐惧，这些在死亡面前都会消失。我看到的是留下的真正重要的东西。你有时候会思考你将会失去某些东西，“记住你即将死去”是我知道的避免这些想法的最好办法。你已经赤身裸体了，你没有理由不去跟随自己内心的声音。

现在，我们清楚地知道他每天面对镜子自问时的答案了。

“为什么？怎么办？做什么？”这就是苹果公司撼动你的灵魂的真相，这就是苹果之所以是苹果的原因，这就是苹果的魅力之所在。

西蒙·斯涅克，是以前广告公司的“大拿”，是笔者的半个同行。他详解而深刻地洞察了苹果的奥秘。

世界上最难的事情就是让别人把钱拿出来给你。人们不会为你做的事而掏钱，但他们会因为你做这件事的原因而掏钱。

如果你只是因为一个人能干活而雇佣他，那他会为了你的钱而工作；如果你雇佣的人，相信你所相信的，那么他会自觉地为了你的事流血、流汗和流泪。

“为什么？怎么办？做什么？”世界上所有人和所有公司都百分百知道自己在做什么；但只有一部分人知道怎么做，称为差异化的价值、独特工艺或者独特卖点；但是，只有非常非常少的人和组织，知道为什么要这么做。这里的“为什么”和为利润没有关系。利润只是一个结果，而且永远只是一个结果。“为什么”是你的目的、你的原因、你的信念。你和你的机构为什么存在？你每天早上为什么起床？为什么别人要在乎你？

我们思考的方式和行为的方式，是从外而内的；但苹果思考、行动和说服我们的方式，则完全相反，是由内而外的。

事实已经向我们证明了：人们买的不是你做的产品，人们买的是你的信念和宗旨。这就是为什么人们购买苹果的电脑时，感觉理所应当。人们买苹果手机、苹果 MP3、苹果 TV 时，也感到很舒服。

听听苹果公司是怎样回答“why”的：

我们做的每一件事，都是为了突破和创新。我们坚信应该以不同的方式思考。我们挑战现状的方式，是通过把我们的产品设计得异常精美、实用简单和界面精美。我们只是在这个过程中，做出了最棒的电脑。想买一部吗？听到这里，你是不是已经准备买一部了？

1990法则

商业比拼的不仅仅是技术、渠道、团队，更是“讲故事”的能力、“表演”的能力和发掘人性需求的能力。

一个品牌为什么流行，优步上海区总经理王晓峰曾经介绍过一个“1990 法则”：基本上任何一件事情有 1% 的作为潮流领先，然后大伙儿会跟风做这件事情，一旦做这件事情会有 9% 的人追随，然后 90% 的大众也会来跟随。1% 的人一定是在一定领域有影响力的，你要试图找到这 1%，然后用 1% 撬动 9%，再撬动最后 90%。品牌个性的病毒化是要解决 10% 的先锋人群的关键，只有这 10% 的人群认同并积极宣传你的产品和服务，接下来的 90% 的大众市场才能真正启动，你的品牌才能成为流行趋势和社会潮流。相信从苹果如何给我们洗脑的过程中，我们能窥探到品牌个性的病毒化的所有真相。

29

营销定位的病毒化：三分钟给李宁做个定位诊断

某位企划大师曾说过："产品是工厂所生产的东西，品牌是消费者要购买的东西。产品是可以被竞争者模仿的东西，品牌却是独一无二的。"产品极易过时落伍，但成功的品牌却能长久不衰。品牌如何成功呢？核心当然是营销定位。

关注竞争对手还是关注消费者

营销定位就是要回答一个问题——我是谁？里斯与特劳特的经典定位理论，是基于动态竞争理论，视角和立足点都是基于竞争，核心关键字是"第一"和"不同"，目标是在消费者的大脑中主动和占领一个新品类。例如王老吉占领了凉茶，小米占领了便宜和快，海尔占领了冰箱，六个核桃占领了补脑。

而科特勒的传统营销呢？正如一位高手点评："传统的营销和企业战略理论，源于经济学，把基本的出发点放在市场的需求上，可以说无论何时，无论何地，眼睛都看着顾客。而里斯与特劳特二人的出发点却是竞争，这个游戏的本质是抢位子。这就有点像日本剑术家宫本武藏的决斗要旨：不断地占取优势，就能最终劈死对手。定位正经是竞争策略，围着死对头的弱点猛踹。如宝马打不过奔驰的尊贵，那就拼命鼓吹“驾驶体验和运动”；和其正打不过加多宝的正宗，那就说“大瓶更尽兴”。

品牌的关键是营销定位，赔钱的买卖没人干，营销定位是基于生意人的视角所做出的营销举动。成功的营销定位无非是：顺应大势下清晰的发展方向、符合深层需求的独特的价值定位、爆破欲望的激荡人心的概念启动、层层递推的反复刺激、管理有素如狼似虎的地面执行。移动互联时代的定位策略，要逐渐摆脱竞争思维，更要关注消费者和公司核心竞争力。思考路径是这样的：首先从公司的核心资源和技能出发，再观察竞争对手占领的市场，最后挖掘消费者还没有满足的需求。

当然，真正的营销高手一定不是张口闭口谈营销。步步高的传奇创始人段永平曾经有一段话，非常值得大家玩味：“我们没有品牌价值最大化的任何计划，我甚至不懂什么叫品牌价值最大化。我们最关注的是我们用户的体验和如何改进的方法，我们追求的是如何能提供消费者有用且喜欢的东西。如果我们能一直坚持这样做的话，20～30年内说不定我们也能出个像iPhone或者Wii一样的产品啊。”

“邪恶”的营销定位

研究你理性和感性的弱点，在你头脑中植入品牌的概念，从你买东西的机制，逆向拆解，寻找并锁定你潜意识中的痛点，猛烈攻击；用病毒化的传播让你大呼过瘾，然后自觉自愿替产品和品牌进行宣传；在你懵懂期就对你进行品牌驯化，让你一生辛劳，成为滋养品牌主的土地；我们引诱、恐吓、折磨、劝解……用尽一切知识和手段，使你失去自由意志和客观的头脑，乖乖献上你的忠诚和财富。

以上这些，在大众看来比较“邪恶”的方式，都可以发挥营销定位的功能。

用李宁的错误定位来复盘

如何做好营销定位的病毒化，我认为最好的方式莫过于对失败案例的复盘总结。在这一节我将剖析 2010 年李宁营销定位的决策错误，同时也能展现一下传统营销的犀利而简洁的“薄片”思维方法。

定位定天下，好的营销定位本身就是一个强而有力的病毒。李宁的营销定位是“90 后李宁”。李宁的营销定位的错误不仅导致“90 后”不屑、“70 后”“80 后”受伤、消费者用脚投票，更直接导致产品滞销、渠道滞塞、CEO 下课。可以说是一次彻底失败的营销定位。这次失败告诉我们，至少有三个陷阱我们必须要避开。

不要企图改变消费者固有的品牌认知

在我看来，“李宁”这两字的本质是“以创始人李宁为核心，企业和产品为延展的集合印象”。运动员李宁历经 1984 年的人生巅峰与 1988 年的退役，戏剧般的现实和现实的戏剧化，使“李宁”两个字具有了史诗般的品牌魅力，在“70 后”和“80 后”的青春烙下深深印记。

作为以“售卖明星、售卖梦想”为主要传播手段的专业运动服装提供商，李宁公司的目标客户锁定为 13 ～ 26 岁的“90 后”，因此，“李宁质”和“90 后”的性格特征差异实在太悬殊：“李宁”是“70 后”“80 后”的精神偶像，是“乐观、坚忍、拼搏向上的斗志和昂扬的激情”的象征；而“90 后”的典型性格却是：八卦猎奇、族群享乐、标新立异和桀骜不驯。可以想象：当“90 后”遇见“90 后李宁”时，固有的品牌认知会令“90 后”耸耸肩跑开；而“70 后”“80 后”则会感觉自己完全被李宁背叛和抛弃。

李宁企业最大的核心资源不是每年 20% 以上的收入增长率和近 10 亿元的利润，不是 7900 家零售店铺和近百亿元的年收入，而是李宁个人品牌广泛的知名度和高美誉度。消费者购买李宁，实质上是在为李宁精神埋单，而不是为“90 后李宁”埋单；李宁公司最核心的任务应该是对“李宁”品牌的维护和管理，而不是对“90 后李宁”的反复呐喊；“体操王子”李宁的人格特质和魅力形成了李宁公司及其产品的“核心价值”与“终极区隔”，固化为李宁企业核心而永续的竞争优势，并成为耐克、阿迪达斯、匹克永远无法复制赶超的 USP①！而“90 后李宁”到底是什么？似乎到现在大家还说不清楚。

营销实践证明：（1）消费者只接受与原有知识经验相一致的事物，“90 后李宁”的概念与消费者固有的品牌认知相冲突，难以引起理性认同和情感共鸣，传播效果必然大打折扣。（2）企图改变消费者认知的广告是事倍功半甚至毫无结果。“90 后李宁”唯一结局是：“90 后”的不认同和“70 后”“80 后”的被伤害。（3）要让消费者感受并参与到

---

① USP，在经济领域上代表独特的销售主张或“独特的卖点”。USP 是罗瑟·瑞夫斯（Rosser Reeves）在 20 世纪 50 年代首创的，他当时是美国 Ted Bates 广告公司董事长。瑞夫斯比较早地意识到广告必须引发消费者的认同。他认为，USP 是消费者从广告中得到的东西，而不是广告人员硬性赋予广告的东西。

你的挣扎与痛苦，要他们付出时间精力和金钱的代价！唯有曾经痛苦的付出和逝去的共同记忆，才能使品牌融入他们的情感，消费者才会对品牌难舍难分，忠贞不贰。

营销定位必须贯彻到产品创新层面

品牌传播讲究虚实结合。“虚”指营销定位，“实”指产品创新。有虚无实难以持久，有实无虚无人知晓。20 世纪 80 年代耐克在美国异军突起，除了迈克尔·乔丹的宣传，耐克独步天下的气垫篮球鞋可谓居功甚伟，成为整个篮球运动领域真正的明星，帮助耐克成为世界最大的体育用品公司之一。

笔者认为，精准的品牌定位只是品牌传播的第一步，微观层面的产品支撑至关重要。李宁在宣布品牌重塑后，竟没有对其产品线进行针对性的研发。换个 logo、换个传播语、开个新闻发布会，就是所谓的“品牌重建”吗？产品是品牌传播的基本，有本才有利。

定位切入要坚持差异化和聚焦化相结合的原则

切入模式是营销的关键，决定了营销杠杆和费销比能否保证“一点切入，全面繁荣”。运动服饰类产品的关键，就在于保持营销定位与产品创新相一致的前提下，切入模式必须同时追求差异化和聚焦化的结合：差异化保证产品能活下来，而聚焦化则保证产品最终能形成品牌，两大原则统一于整个推广活动中。

“以点到面”和“以面带点”的抉择。体育服饰品牌一般采用体育活动和明星赞助的方式进行推广。专业运动类品牌如耐克、阿迪达斯、李宁和匹克等多采用“以点到面”的推广方式。通过赞助奥运会、代表队和专业运动员，进而带动其他专业运动员和业余运动员，最终将品牌营销力传递到大众市场。而如卡帕（Kappa）等时尚运动类品牌，则采取与之相反的“以面带点”的推广方式，通过娱乐营销和时尚营销，主攻大众消费市场，并积极向专业运动领域渗透。据统计，2008 年，李宁每年的市场推广费用占总销售额的 17% 左右，而卡帕只有 7% 左右。两种不同的推广方式决定了其费销比的悬殊和利润的高低。

市场切入的最后一步就是广告表现。“90 后李宁”的电视广告差异化明显乏力，林丹、伊辛巴耶娃、奥尼尔等明星既都不是“90 后”，又不能结合他们的特点进行更深入的宣传，整个广告制作流于表面，似乎换成其他任何一个服装品牌都能直接套用。笔者认为，李宁企业的营销方法应该是最典型的明星代言营销：把明星的个人品牌融入企业和产品品牌，将消费者的欣赏转化为购买。深挖李宁的品牌潜质进行提炼、拔高和固定，同时结合“90 后”的情感趋向，将其成功地嫁接到林丹、伊辛巴耶娃、奥尼尔等明星身上，达到“源于李宁且高于李宁”的效果，方为李宁品牌的不二出路，也是搞定“90 后”的基本方法。

30

销售概念的病毒化：没有流量，哪有销量

营销定位确定后，紧接着就是销售概念的打造。华为和联想成为世界500强，用了30年，是传统的贸工技时代的典范；BAT等互联网企业，成为世界500强，只用了15年；小米用五六年时间就即将成为世界500强。原因何在？我宁可相信雷军自己总结的4个字——顺势而为。

据说广告行业的秘诀是“重复重复再重复”，认为这是劈开脑海的野蛮而有效的力量，所谓“谎言重复千遍就是真理”。但笔者认为“不能用传播上的勤奋来掩盖策略和创意的平庸无力”。在销售概念上的打造逻辑是：提炼最贴合目标客户需求的卖点信息，针对被圈定的特定人群巧妙地刺激，以场景为背景，建立和强化“产品利益”和“品牌名称”的大脑神经元之间的链接，令该信息在受众的潜意识层面生根发芽，购买时近乎本能地选择该产品。

销售概念病毒化的核心就是策略与创意的提炼，而提炼工作也讲究“顺势而为”。从营销角度而言，“顺势而为”的本质即“疏导”，“疏”

即协调疏通，减少内耗，先可控而后可用；“导”即整合和导向，聚合力量，从可用而成功。

基于场景的销售概念

1953年尼尔·博登提出4P时，专门强调了第一个P，即Product的内涵：注重开发的功能，要求产品有独特的卖点，把产品的功能诉求放在第一位。独特的销售卖点是交易的动力，是消费者最简单直接的购买理由，是实现从商品到资本的惊险一跃。

在销售概念的打造中，成功的品牌和产品各有千秋。汽车行业的最为明显，如沃尔沃打造的“安全”概念、奔驰的“声望”、宝马的“驾驶乐趣”、丰田的“可靠耐用”等。这些销售概念就像钉子一样敲进了消费者的大脑，在消费者理性思考和决策中建立了一个快捷的回路与短路，让消费决策不由自主地绕回到品牌。王老吉的广告里，“火锅店朋友聚会”就是场景，“怕上火喝王老吉”就是销售概念。

I love you not because I need you, but because I want you（我爱你不是因为需要，而是源自内心的冲动）。营销对接人性的欲求，为消费者造梦，帮他们释放现实中的欲望。

技术是第一营销力，如OPPO手机的广告语“充电5分钟，通话两小时”，就是人无我有的最强有力的差异化。

先有流量，后有销量

这个时代的本质是——链接。你不需要拥有，像《黑客帝国》中的

NEO一样，合二为一，强势赋能，为我所用，才是真正的拥有。如万物互联，万物智能。于是笔者总结出一句话：“任何行业都是媒体，任何媒体都是人脉，任何人脉都是信任，任何信任都是链接，任何链接都是利益，任何利益都是行业。”

有了链接，你才有流量，有了流量才有销量，有了流量才可能流行，才有转化率和真金白银的收入。链接代表着信任和欣赏，核心是利益。我们与滴滴快的链接、我们与腾讯新闻链接、我们与知乎豆瓣链接、我们与爸爸妈妈狐朋狗友链接、我们与竞争对手链接（只能我看他，不能他看我）。利益驱动我们链接，链接得多了，一个行业乃至产业，也就出现了。

因为链接，我们不再追求小农时代的拥有意识。比如北上广现在的奔驰宝马卖得很差，7折都启动不了热销；比如房子现在不再是热捧的玩意，贵得“不要不要的”；比如公务员也不再热门了，铁饭碗开始生锈了。我们可以租车，不担心保险保养保护措施；我们可以租房，不担心取暖物业；我们可以创业，行业间自由迁徙，不再看上司的嘴脸。

先有流量后有销量，目前这个时点获得流量的最佳方法是O2O，想要快速起量必须要找到风口，没有风口就没有规模，没有规模就没有品牌，没有品牌就没有流量，自然无力竞争，必然迅速衰落。

唱吧的创始人说过：“创业时一定要看清楚这个时代，哪个切入点能迅速圈住大量客户。”刚需、高频、低单价、未满足，这似乎是O2O选行业时的蓝海标准，但试一试才会知道。比如快递O2O，刚需、高频、低价、未满足，差一个都不行。

线下流量是持续的、真实的，而且它是真正属于你的。OFF让每个人变成有效的流量，进而产生真金白银的商业价值。ON则铸造用户和数据的堡垒。重购率、会员消费率、终身价值才是两0核心。创造用户需求，通过推广培养依赖和消费习惯。没点一针见血的刚需真不行。

销售概念的病毒化

首先，要选择单纯的、简洁的口语去切入消费认知。笔者认为：新品上市之初最难的就是如何将产品的独特价值说清楚，对于大众消费品而言，选择单纯而又简洁的口语去切入，应该是一条事半功倍的捷径。

其次，要用“类常识性概念”建立品牌的病毒根基。尽量从消费者头脑中既有的、根深蒂固的认知去建立新的概念和关联。不要试图去教育消费者。

最后，选择高含金量的多重背书，增加安全感、拉高试用率。做背书是病毒营销中极其重要的一环。目的是通过选择多重背书进行组合，从而为产品营造高端高质形象，强化产品的安全可靠，最终达到高价高量的销售。

产品和诚信永远是品牌之源，营销实践中从来没有一步到位的背书。新品上市之初是四处查缺补漏的关键阶段，力求先不出错再求出彩，先长大了再娶媳妇，先把销售转起来再逐步完善背书，是比较成熟的做法。不然，金光灿烂的“背书”转瞬间就可能变成白纸黑字的“罪书”。背书是营销的“假设”，当“假设”被攻击，即使再严密的商业逻辑都白搭。

利用社交孕育销售病毒

燕小唛本身就是一个用户交互的产品。我们送出去 8000 瓶饮料，也曾被骂得一无是处。我们调整了8次口味，创始团队成员普遍都丧失了味觉。我们大规模调研做了8次，小规模调研做了无数次。我们有自己的大数据。

我们将饮料寄给白富美、高富帅，让大家评判、鉴赏。喜欢的会发照片，不喜欢的请提意见。我们在社交之中，创造出、吸引到属于燕小唛自己的铁杆客户。

创业本身就是凝聚同类的过程，一位核心骨干指着燕小唛说："和它都有感情了。"7个月前当她第一次见到产品时，还是玻璃瓶中的样品。我们群策群力一起为产品创造形象、注入情感、调整细节，不计成本地拉升品质。这样创造出来的，跟自己的孩子有什么区别？

无传播不品牌，无社交不传播。新一代的"90后"，天然是互联网人，他们相信自己的朋友，找个对象也得先过了朋友这一关。朋友推荐对消费决策有着至关重要的影响。

据2015年年初发布的《2014中国大学生调研报告》显示，"90后"看到的微博营销内容大多数来自于朋友转发，占比高达53.3%，二次转发的激励是"有兴趣、有意义、有价值"。例如优步搞出来的"优步打直升机""优步打船""优步送快递""地球人都挡不住的优步"等，迅速而犀利地引爆了社交网络。

31

内容文案的病毒化：不是中国好声音，而是中国好歌词

凯文·凯利在《科技想要什么》（*What Technology Wants*）一书中，写道：“语言是技巧，让思维能够自我质疑；语言是魔镜，告诉大脑自己在想什么；语言是控制杆，将思想转化为工具；语言掌握了自我意识和自我对照的捉摸不定的无目标运动，从而能够驾驭思维，使之成为新思想的源泉。没有语言的理性架构，我们无法获知自己的精神活动，自我就不能思考我们的行为方式。如果大脑无法表词达意，我们就不能有意识地创造，只能偶有收获。无法用语言表达的思想零散孤立，直到我们用可以自我交流的系统工具驯服思维。”

语言就是内容，就是文案。在互联网+时代，传播成本为零，对内容创造的要求剧增！此处的内容文案，是大内容的概念，外延包括了商业策略、品牌策略、产品品牌化、信息提炼、概念创意、卖点整合、创意广告、故事撰写、主画面创意、IMC等。对我们的行为真正产生影响的人，往往是在情感上与我们最为贴近的人。

黏得死死的

伦敦奥运会上，刘翔摔倒退赛了，耐克迅速在微博上写出“爱运动，即使它伤了你的心”，将时事热点、产品特点和大众心情串联得几乎天衣无缝，被大家疯狂转发。奥利奥在超级碗停电时，发了一个推文：“黑暗的时刻也能分享奥利奥”，被称颂机智。这就是内容文案的病毒化。值得注意的是：包袱不能硬抖，要看品牌气质的契合度和行业的相关性。

广告行业有个共识：“任何人至少要看过某一个广告6遍，才能记住其中的内容。”这6遍就是6次传播，可是企业白花花扔出去的银子。如果需要反复重复才能传播出去的内容，内容本身的创作和设计肯定是有问题的。内容文案病毒化，最终希望达到的效果是什么呢？——听得懂、记得住和乐于分享给亲友听。这就是格拉德威尔所谓的“附着力”和希思兄弟所谓的“黏性”。从这个意义上来说，互联网+时代的内容文案创作，一定要以“疯狂被转发”为目的，“不以转发为目的的文案创作，都是耍流氓”。

当然在具体内容的病毒化的操作过程中，就是要充分利用笔者在上一章总结出来的基于阶层、知识和情感需求衍生出来的6大支柱——炫耀、强调、猎奇、学习、宣泄、探索——将这些元素天衣无缝地融入内容文案的创作之中去。

再举个例子，如果有一本书名字叫作《哺乳动物生理学》，你会感兴趣吗？如果我们把名字改一下呢？比如叫作《大象为什么不长毛》或者叫作《男人为什么有乳头》，你是不是会兴致盎然地走过去翻一翻呢？这就是内容文案的病毒化，简单地改几个字，你的脑袋就会长草。

我们之前聊过病毒营销都是窄众的，只能在某个群落中发挥最大的作用，群落与群落之间的洞穿是失控和偶发的状态，可遇不可求。任何行业都是媒体，任何产品都是广告。互联网本身不过是对真实生活的模拟。懂互联网的传统营销者是无敌的。因为只有这种人才能抓住商业的核心；只有这种人才能创作出最具影响力的营销武器。产品策略的设计中要将产品的病毒性与功能性相结合，内容创作中要将行文风格和病毒系数完整考虑。

“探索”的两个小例子

一个盲人在乞讨，牌子上写着“I’m blind，please help me”，但是很少有人给他钱。一个女士过来，在牌子的背面写上“It’s a beautiful day,but I can’t see it”，之后给他钱的行人络绎不绝。

如果你对女孩说“我想和你睡觉”，那你就是挨巴掌的流氓；如果你说“我想和你一起起床”，那么你就是风流才子徐志摩。

第一个案例让干巴巴的“我眼瞎了，请帮助我”，转变成“今天天气真好，但我却看不到”的情境，成为感同身受的病毒，让你不由自主地产生同情；第二个则是从“睡觉”到“起床”，消除了戒心，爱意洋溢。这两个都是情感中的探索，本质上是一种移情和共情的力量。让我变成你，让你感受我，不同于情感需求中的“宣泄”的因素，更是人与人之间关系的试探和探索。

“学习”的两个小例子

我们再举“学习”的例子，还是笔者那篇667字的小文章，没花一分钱，2 天内实现了 111 万次的自发传播！收藏量超过了 3 万。

从上一章的总结中，我们知道，这种大规模病毒传播的驱动力来自于知识需求中的“学习”和情感需求中的“探索”。根本原因在于“将合适的内容在合适的平台上推送给合适的人”。

2015 年 8 月份，有家自媒体对笔者做了一期关于病毒营销的专访，不到一周，有 40 多家微信大号首推和转发，保守浏览量达到了 30 万。看到没有？没花一分钱，实现了 30 万的品牌曝光。为什么？——抖干货呗。

格拉德威尔对“附着力”的定义和认识其实已经超越了传播层面，引申到“触发器”的层面，对内容文案和行动购买之间的环节做了深刻的探索。他认为内容说服只是万里长征的第一步，后面必须要有唤醒行动的触发器，或者是地图，或者是时间安排，或者是优惠券，才能令人难忘和产生附着力。

“宣泄”的三个小例子

看《中国好声音》是营销者的必修课。无论是工业时代还是互联网 + 时代，人永远是营销的核心，营销的最高境界无非是实现“如何像歌手一样瞬间击中人心”。比如肖邦的《C 小调夜曲》，第一个音符流出来，就能俘获你的心。纵观历届“好声音”，你会发现笑到最后的优胜者，选歌的功力也就是选歌词，重要性至少占 40%，相对于长相、唱功、台风等软条件，歌词的文字力量，竟然异乎寻常的重要。一首好歌靠的是歌词、故事，靠的是人歌合一，瞬间击中人心。真正的好歌词，一听你就会忍不住叹息，是极好的诠释“宣泄”的例子。

第一季里充斥着各种狗血煽情，像晚会策划胖大姐刘悦，一曲《寂寞先生》，嘶吼爆棚大嗓门“我要无所谓”的猛歌词，嘶吼得一干脆弱的人老泪纵横。面对记者的采访，刘悦说：“幕后到台前，短短的十步之遥，我走了整整十年。”这绝对是千锤百炼、毒性十足的好文案。利用反差和惊讶本身提升你对此人的关注度和记忆度，当然这里满足的是情感需求中的“宣泄”和知识需求中的“学习”。

19 岁的郑虹被称为“中国的阿黛尔”，毕竟才 19 岁，而且又不是专业出身，能有多强的唱功呢？但有歌词加持，照样能把庾澄庆、杨坤和刘欢三位老江湖唱哭。当然，毫无疑问，这里的内容嵌入的是情感需求中的“宣泄”这一驱动力量。看看她唱的歌词。

I heard, that your settled down.

听说你心有所属。

That you, found a girl and your married now.

你遇到了她，即将步入婚姻殿堂。

I heard that your dreams came true.

听说你美梦成真。

Guess she gave you things, I didn't give to you.

看起来与我相比，她才是最好的。

Never mind, I'll find someone like you.

没关系，我会找到某个像你的他。

I wish nothing but the best, for you too.

并送给你我最诚挚的祝福。

Don't forget me, I beg, I remember you said:

不要忘记我，我恳求你，我记得你说过：

"Sometimes it lasts in love but sometimes it hurts instead."

有时候爱情能永远，但有时又如此伤人。

Sometimes it lasts in love but sometimes it hurts instead, yeah.

有时候爱情能永远，但有时又如此伤人，确实。

You'd know, how the time flies.

你知道吗时光飞逝得多快。

Only yesterday, was the time of our lives.

就在昨天，还是我们一起的生活。

We were born and raised in a summery haze.

我们的爱在夏日的薄雾中萌芽。

Bound by the surprise of our glory days.

青涩的岁月满载辉煌与惊喜。

第三季中，1986年出生，女神范十足的美籍华人刘明湘，一首千娇百媚的《漂洋过海来看你》，怎么都听不厌！所有爱过、傻过、不顾一切过的人，你们叹息了吗？这印证的还是情感需求中的“宣泄”。

为你我用了半年的积蓄

漂洋过海的来看你

为了这次相聚

我连见面时的呼吸都曾反复练习

言语从来没能将我的情意表达千万分之一
为了这个遗憾我在夜里想了又想不肯睡去
记忆它总是慢慢的累积在我心中无法抹去
为了你的承诺我在最绝望的时候都忍着不哭泣

陌生的城市啊熟悉的角落里
也曾彼此安慰也曾相拥叹息
不管将会面对什么样的结局
在漫天风沙里望着你远去
我竟悲伤的不能自已
多盼能送君千里直到山穷水尽
一生和你相依

好歌词，让我们忍不住叹息。温和而无奈的歌颂着失去，这，不就是你我的人生吗？

在内容文案的病毒化中，我举了“探索”“学习”和“宣泄”几个例子，其他的请大家自己研究。

32

产品设计的病毒化：1%的功能和99%的病毒

我们现在有了品牌名称、形象个性、营销定位和销售卖点，虚的东西都搞定了，现在要进入产品设计环节了。产品是消费者对企业和品牌的第一印象，是营销的命脉，是承接项目本身和推广销售的核心杠杆。

好产品自己会唱歌、自己会长腿

对于传统企业而言，对产品设计影响最大的，是营销之外的因素——社会趋势。随着中国的发展，两极分化势必加速，类似日本的“中产阶层下流化”的社会和收入状况一定会出现。大量的中产阶级开始沦为低收入阶层。这类人群贪图品质且又挑剔价格，这种双重的心理特征将如何满足？唯有独特的价值设计和成本结构的重建，力求维护消费者的“面子和钱包”的双赢，才能抢占先机，立于不败。

互联网+时代的产品设计本身，究竟该怎么做？笔者认为，第一步也可以说是最重要的一步是：不要被互联网思维冲昏了头脑。“软的硬不了，硬的软不了”。互联网公司与传统企业的基因和DNA完全不一样，有着截然不同的价值创造传递和变现链条，有着完全不同的成功关键因素，两者之间有着难以逾越的鸿沟。可以相互借鉴，但完全照搬几乎是死路一条。

软件讲究快速迭代，硬件要求一步到位；软件复制物流和存储费用几乎为零，硬件从生产加工、质量管理、物流配送、仓储规划等方面，每一步都是成本，每一步都不能错。而且硬件没法实现小步快跑，如果是新品，整个流程走完，怎么着也得半年之后了。当然做内容，如游戏、影视等，传统企业更是力不从心，从根本上就缺乏这样的基因。所以传统企业一定要注意这两点：守正出奇，稳中求胜。守好自己的能力圈和护城河，不该干的事情不干。

互联网+时代的产品设计，最大的原则是“能拿住消费者”，即所谓的匠人文化。在这里日本的产品文化是典型，如马桶盖、电饭煲等。但匠人不能头脑僵化。产品设计必须要抓住行业本质，首先要审视自己的核心竞争力是否满足行业本质的需求。

酷6网创始人李善友教授讲过一个故事：“诺基亚手机出厂前最后要做一个直落实验，就是扔下看会不会碎。苹果1刚出来，诺基亚派工程师买了几部实验，一扔碎了，工程师写了报告，苹果手机都不扛摔，不会做手机，还是摩托罗拉的扛摔。”今天，手机扛不扛摔重要吗？满足行业本质的产品才是好产品，才有可能嵌入病毒。因为从根本上讲，谁也不能长久地将不好的产品卖好。

互联网+时代的逻辑是这样的，因为信息的去中心化，传统营销中玩弄“品牌幻术”几乎不可能，营销回归本质——产品。好的产品，借用移动互联网近乎为零的传播成本，借助圈层化的传播机制，凭借强大的口碑，很快就能传播起来。而且由于互联网强大的两极分化特点，即使你比竞争对手在某一方面优秀 1%，在口碑上很可能被互联网放大到 50%，最终销量上可能就会有一个天上一个地上的差距。

以上就是为了证明五个字——将产品做好。打造卓越的产品，是企业的使命，是团队存在的意义和价值。专注在产品本身，营销的影响力才能有所依附而且绵延不绝。好的产品本身就是病毒，比如说 iPhone，它就是极其强而有力的病毒。如同好的故事一样，好的产品自己会长腿，自己会张嘴，别人看了眼睛会发亮，脑袋会长草。所以，首先需要在产品设计上下足功夫。

功能 vs 病毒

好了，接下来笔者谈一谈“产品设计的病毒化”。在好的产品的基础上，病毒营销关注的就是如何将病毒嵌入其中。还是先举例子。

2014 年有一款爆火的 APP——脸萌，几乎是一夜之间被微信刷屏。火的原因是因为它设计精良吗？不是！是因为它巨额投入广告费吗？不是！是因为它运气好吗？可能是。当然，我们能确定的是它的病毒力十足：每个人都可以做出自己的头像，然后发到朋友圈里，让大家点评。产品设计一定要围绕人的心理需求来展开，这样产品推广就能取得事半功倍的效果。脸萌就是符合了年轻人卖萌搞笑的心理需求。同样的例子还有游戏“围住神经猫”，画面肯定称不上精美，但因为满足了炫耀和探索的心理需求，也是火爆异常。

小米的联合创始人洪峰说过：“大部分朋友对我们的理解还是小米营销做得不错。但其实我们花了大多数的时间做产品。”客观来讲，小米插线板、移动电源、空气净化器都做得非常用心。当你看到这个产品的时候，你会情不自禁去推荐，更关键是价格便宜，做大家都买得起的产品。小米的产品现在的售价基本上是相同质量的产品售价的 20% 到 30%。

小米手机开发出一个功能是标记陌生号码，和很多电话软件都有号码合作。让用户标记这些陌生号码到底属于什么号码，是中介还是快递还是保险公司。当有一个号码打入的时候你能知道是不是该接这个电话，帮消费者更方便地拒绝骚扰，而且可以通过这些标记过滤电话，比如接快递的电话但不接中介的电话，接送餐的电话不接保险公司的电话。小米手机还有个功能叫群发称呼，就是在群发短信时加上不同的称呼，比如过年过节收到祝福的短信，有的人就会随手群发出去，但是称呼没有改，造成一种很尴尬的局面。而小米手机有个智能选项，可以根据手机备注的名称，自动给群发的短信各自添加昵称。

产品用心程度做成这样，能不创造奇迹吗？

痛点就是卖点，场景就是病毒

这里的病毒是什么？——是场景。在信息异常杂乱的互联网时代，你怎么可能以一两款产品满足全世界人的需求？这一定是痴人说梦。苹果有苹果的用户，魅族也有魅族的粉丝。只有强场景的切入，切入到其他产品所无法触及的领域，产品才有吸取的可能性。那么场景的本质是什么？——是痛点。比如我现在的创业项目燕小唛，就是一款普通的燕麦饮料。它解决的痛点，第一个是消费者憎恨添加剂，如防腐剂、色素、甜味剂等，燕小唛倡导天然原生态，在张家口有 3.4 万亩黄金燕麦基地。它的消费场景一是健身房，练完瑜伽后，来上一罐。第二个是肥胖人群。现在年轻人运动锻炼的强度严重不足，整天坐着，身材都走形了。燕麦清肠瘦体，饱腹扛饿。所以场景二就是在办公室，早上来了或者下午 3 点钟左右来上一罐。

正如 Facebook 的高管亚当斯所说，互联网正在以人为核心进行重新构建。一个人在移动社交媒体上的信息可以透露他所关心的事情，一个人的联系人圈子则可以让人了解他所信任的人。当你浏览不同网页时，你的个人信息和联系人的圈子将如影随形。移动社交网络这种基于人与人之间的关系的重建，将影响几乎所有的商业运作，首当其冲的就是产品设计。

举个例子，笔者是做快消品出身，四川的春季糖烟酒展销会差不多每年必去。在 2008 年的糖酒会上，我见到一款奇葩的饮料。它能自动加热和自动制冷，利用的是饮料的外层包装的物理反应。当你拿起来，摇一摇，就能加热。当你倒置过来，又能制冷。当时我觉得有趣和不可思议，还和厂家开玩笑，问他会不会爆炸。6 年后也就是 2014 年，有一个有名得不得了的产品在微信上被疯狂刷屏——55 度杯。

有趣、稀奇、不可思议，微信上找大号群主免费送和免费体验，能让水的温度变成 55 度的神奇魔力，让这款杯子卖疯了，甚至被收购和融资，单独成立公司单独运作。从饮料到杯子的距离，前者是可笑和默默无名，后者则是火爆和暴利。这无非就是找到了合适的载体，更关键是满足了年轻人猎奇和炫耀的心态。

6大心理支柱，让产品的价值飞起来

世界越来越虚化，越有价值和想象力的产品一定是满足了消费者深层次心理需求的产品。如奢侈品，你可能认为不过是骗子与傻子的游戏，但无可否认的是，它让你看起来更加成功、更加富有和更加自信，玛莎拉蒂总裁级轿车也是四个轮子一个沙发，但它彰显了你的社会地位，暗示了你的专业能力，无形中帮你获得了事业上的成功和更多的商业机会，如果是这样，它的价值就超越了它自身的使用价值。它不仅仅是一辆车，更是一个社会名望和商誉的印证与载体。它就是一个很大很大的病毒，这种病毒被企业巧妙地植入了你的头脑和心智之中，它在你头脑中生根发芽和长草蔓延，让你的企图心和雄心具象化、标签化，决定了你的购买决策。这也是前文讲过的“社交货币”的心理学原理，满足的是病毒营销的 6 大支柱中隶属于阶层需求的“炫耀”和“强调”的驱动力。

产品是人身体和意识的延伸，中年人用日本车，经济实用；富二代玩路虎，潇洒自由；企业家开奔驰，名望稳重；创业者开宝马，激情昂扬。人们都倾向于选择标志自我的产品，为自己做代言。我们在产品设计时一定要注意这一点。反面例子就是凡客，满大街标明 29 元 39 元，年轻人怎么穿呀？韩寒和王珞丹不是病毒，也带不来品牌病毒。反之，满大街的普拉达和保时捷，都是一种社交货币，在这里，“高档次”就是高病毒。当然还有一种炫耀就是对自己聪明的炫耀，比如一元秒杀成功后，狂晒照片分享喜悦。稀缺的东西，天然就是病毒，营销中反复强调的差异化，即来源于此。

当然奢侈品的营销和传统营销还是有区别的，但在病毒营销的世界里，笔者坚信的是：朋友的全力推荐是病毒营销成败的关键。不管你怎样嵌入病毒，如果消费者无感，那就是失败。在 100 个最毒最毒的病毒营销案例中，有一个是“优衣库试衣间”视频，就是极其强悍的病毒，自始至终没有主动出现品牌的信息，但被所有人津津乐道，相当于为优衣库免费打了 2000 万元的广告。这种擦边球的方式即使是主动传播，偶尔一次是可以的，能够为品牌营造神秘感和故事感，但不能常用。这里优衣库的病毒就是6大病毒支柱里的“猎奇”心态，满足了人类本能的情欲的需求。

专业人士的产品就是自己，笔者在2010年创业的时候，写了30篇文章，当年谷歌的搜索量达到了3.45亿。在这里这些文章就是病毒，当然我的病毒支柱是满足消费者知识需求中的“学习”。

产品设计中想在功能实体的本身上做到非同寻常，相当困难，除非你拥有马斯克做特斯拉那样的资本和魄力。但营销上的投入相比而言可谓微乎其微，只需要在设计之初注重“社交货币”的铸造和体验上的惊喜即可。只有这样才能为产品本身增加非同寻常的吸引力。

笔者在和某年少得志的互联网金融老总聊天时，简单提到一点，即只需要把logo改一下，就能导入和留住更多的用户。原因很简单，金融本身已经够boring（无聊）了，何不增加点色彩和有趣的表情呢？还有个例子就是可乐的台词瓶，昵称瓶甚至都不做了，非得改成台词瓶，因为有台词，才会有场景，才会有代入感，才会有情感的共鸣，甚至触动。消费者才会忽略可乐本身的不健康。此时，可乐售卖的不是可乐，而是“宣泄”这个病毒。这也是这些年来产品设计方面可圈可点的经典案例。

说到产品设计，永远绕不开的就是苹果。无论是iMac还是Apple Watch，苹果的设计师精心考虑到消费者的心态和需求，从颜色、材质和内容物，从撕开包装膜、打开包装、取出产品，都提供了近乎完美的体验，令人印象极其深刻。这无形中提升了产品的内涵，赋予了产品更深层次的心理价值，让苹果家族的产品从电子消费类产品变成了名副其实的艺术品。加上其屡试不爽的饥饿营销，充分满足了“炫耀”的心理，铸造出强大的病毒。

33

社交媒介的病毒化：究竟是黄衣服还是蓝衣服

在拥有了病毒力十足的组织和流程、营销定位、品牌个性、内容文案，以及充满病毒的产品之后，传播的平台和管道的作用就变成了临门一脚，拥有异乎寻常决定生死的作用。那么如何实现社交媒介的病毒化呢？

社交媒介已经成为传播的主流

知道新媒体与旧媒体的区别是什么吗？就是多了一个“一键转发”的功能。

老罗在坚果手机的发布会上，邀请众网友推荐忘记颜值拼实力的名人，同时做出来“模板海报生成器”，为网友创造了发泄和互动的场景，非常好地刺激和带动了市场。人人都是创造者，人人又都是传播者，人人更是强有力可信赖的推销员，实现了低成本帮助坚果手机获得大营销的效果。

病毒营销必须要借助社交媒体，而社交媒体是计算机介入的产物，它允许用户在虚拟网络中自己创造内容、分享和交流信息等。2014 年世界上最大的社交网络是 Facebook，而 2009 年国内最火的社交媒体是微博。在微博中，企业创造并利用了无数个特别有效的病毒，最常见的是在每条微博的底部，会写上“该微博发自 iPhone”，或者“该微博发自摩托罗拉”等各种标签。这种标签的创意类似于 Hotmail 的底部链接。

蒂姆·德雷珀（Tim Draper）是德丰杰投资基金的创始人和执行董事，被称为“病毒营销”缔造者。他回忆起当年为何会想到这个创意时说:“一切皆因 Hotmail 而起。当时两位创始人沙比尔·巴蒂亚（Sabeer Bhatia）和杰克·史密斯（Jack Smith）创立起来一个为人们提供基于网页的免费电子邮件服务的项目。我问道:‘你们有什么办法将这个全新的免费服务迅速传播到用户那里？’他们看着我，面带茫然，只说出了 Hotmail 会采用传统的广告形式。我觉得这样的答案既铺张浪费又缺乏理性。因此我建议，与其继续烧更多钱，不如给互联网上的用户们发一封邮件来自我推广。他们认为这一做法构成了‘垃圾邮件’，会引起网民的反感。于是我进一步建言献策，既然我们对外免费提供邮件服务，或许用户会允许我们在邮件底部写点什么来打个小广告，比如‘附言:我爱你，你可以到 Hotmail 获得免费电子邮箱’。他们最终决定放手一试，但把广告内容简化成了‘你可以到 Hotmail 注册免费电子邮箱’。这个策略成功地帮助了产品以几何级数传播。随后史蒂夫·尤尔韦特松（Steve Jurvetson，德丰杰的另一位风投家）和我根据产品传播具有类似病毒的特质，而创造了‘病毒营销’这个专业术语。”

现在微信朋友圈所发的信息的底部可以缀上“该微信发自夏威夷”，或者“该微信发自东北象牙山”。这种很明显是参考附加标签具有极其强烈的社交货币的功能，让你看起来更“高大上”，或者更幽默乐观，成为一种间接表达身份地位和性格的自我宣传方式。这就是病毒营销中反复强调的“外部性”，即利用媒介传播中的小插件，为消费者创造“面子”和炫耀的资本，鼓励消费者自发传播，最终实现产品和品牌更多的曝光度与稀缺度。

毒性十足的病毒“插件”

基于微信开发出来的插件也相当具有病毒性。这个在病毒营销中称为“湿插件”。如有一位做互联网金融 P2P 的年轻人，曾经开发出一个类似微信发红包的插件，只要输入手机号，就能有 50 ～ 80 元不等的红包拿，当你点开红包它会提示你：“您的红包金额已经自动充值到 ×× 网站，请前往领取。”这意味着你必须去其官网注册登录，而且红包不能提现，只能当作投资，而且最低投资额是 100 元起投。就这样利用人性中“贪小便宜”的心理，每天仅仅在微信就能吸引 1000 个左右的注册用户。

再比如，笔者在微信朋友圈里发现了一个很有趣的插件——计算你的朋友圈里暗恋你的人数，是一个婚恋网站制作的。你授权把自己的个人信息给它，它立即算出来比如“你的朋友圈里暗恋你的人数是 100 人”，接下来呢？你肯定会暗自得意地将此结果分享到朋友圈。这样你满足了阶层需求中的“炫耀”，而此婚恋网站不仅获得了你私密的个人信息，而且通过你自己传播给亲朋好友，获得了品牌的曝光度和产品的试用。

2015年8月28日微信被一篇文章疯狂刷屏《吴亦凡即将入伍?!》，H5技术的嵌入，将整个视频包装成一篇微信文章，其中又充满了拟真的互动，如吴亦凡给你打电话等，而实质内容则是《全民突击》的手机游戏广告。可以说，整个微信就是为了被人疯狂转发而创作和设计的，基于令人新奇的H5技术，获得了难以置信的转发量。可以说是达到了目的。

当然这只是社交媒介病毒化的小例子，强调了如何借助社交媒介利用用户的6大驱动心理，获得更多的“外部性”的方法。在如何借力媒介方面，小米慷慨地贡献了自己的心得和方法——参与感三三法则。即三个战略：做爆品，做粉丝，做自媒体；三个战术：开放参与节点，设计互动方案，扩散口碑事件。当然这里的参与感，从病毒营销的角度，我们可以理解为体验性的病毒，是在个体与品牌的交互中，获得赋值。

举个实践中的例子，笔者在2015年8月，为了推广某以漫画人物为logo的饮料，制作了系列微信聊天的动作表情。搞笑夸张的诸如：炫耀、谄媚、示爱、嫉妒、赞美等，在微信群中引发了一轮流行潮流。不花一分钱达到了品牌曝光和互动参与等目的。

在这里十分有必要回顾一下小米的三三法则，此处予以简单地总结：

第一，小米认为在产品战略上做爆款，只做一个，要做就做该品类的市场第一。产品线不聚焦就难以形成规模优势，没有规模就没有品牌，没有数量就没有质量。资源分散何来参与感？

第二，在用户战略上做粉丝。靠功能和信息共享进行最初期的激励，靠荣誉和利益做黏性，只有让企业和用户双方获益，参与感才能持续。

第三，在内容战略上做自媒体。让企业成为互联网的信息节点，让信息流速更有效率和效果。鼓励和引导每个员工每个用户成为产品的代言人，遵循“有用、情感和互动”的思路，只发有用的信息，每条信息都要有个性化的情感输出，引导用户进一步参与互动，分享扩散。

为社交媒体定制具有“外部性”的产品病毒

为了募集阿姆斯特朗基金，耐克有两个“媒介选择”来实现与大众的沟通。第一种是举办一次环美国自行车赛，第二种是设计一种腕带。耐克选择了第二种，结果 1 美元一个的 500 万条腕带在不到半年的时间里被抢购一空，甚至有人在网络上炒作到 10 美元一个。阿姆斯特朗基金就这样大获成功。

在媒介的选择中，举办自行车赛可比设计腕带困难而且昂贵多了，腕带作为品牌的媒介，最大的优势在于它具有连续性、外部性和话题性。连续性体现在随时可以戴上，外部性体现在随处可以被看见，话题性则体现在随时可以讨论，是个不错的话题。

2015 年豪车需求大减，销售乏力。根源与产业无关，而是豪车本身已经不能满足消费者的外部性需求了。它象征身份、财富和能力的作用在锐减。中国的交通状况使购买了豪车的人，不能最大限度地炫耀和强调，开车本身已经算不上很美妙的体验了。所以，年轻一代需求自然大减。

最近与某准上市公司创始人聊过某个项目，笔者认为产品是二八法则中的二，但是具有八的效果。最早该老总想做围巾，但围巾既称不上刚需，也绝不是多频，而且外部性极其差。所以笔者推荐她选择类似手表、戒指、项链等充满外部性的“设计师产品”，风格轻奢，走新奇特，这样才能勾起年轻人的兴趣，也能获得更多的利润。当然这类产品本身就是最好的病毒。

小米提到过“如何把做产品做服务做品牌做销售的过程开放”，它的建议是筛选出让企业和用户双方获益的节点。因为只有双方获益的互动参与才可持续。而这种开放的节点应该是基于功能需求，越是刚需参与的人越多。根据开放的节点进行相应设计，一定要遵循“简单获益有趣真实”的原则，把交互方案像产品一样持续改进。这里2014年的微信红包就是好例子。

在具体操作中，企业要先筛选出第一批对产品最大的认同者，小范围发酵参与感，基于互动产生的内容做成话题，做成可传播的事件，让口碑产生裂变，影响百万人，放大已参与用户的成就感，让参与感形成螺旋扩散的风暴效应。在开放的产品内部植入鼓励用户分享的机制。如“疯狂猜图”“找你妹”，从产品分享到微博、微信等社会化媒体；官方从和用户互动的过程中，发现话题来做专题的深度事件传播。

媒介的节点究竟是选择明星，还是选择普通人

马尔科姆·格拉德威尔认为思想、行为、信息能像传染病一般爆发的关键在于：弄懂人与人之间是如何影响和联系的。他认为三个角色十分重要：联系人、内行和推销员。这就是他所总结的“个别人物法则”。

一个人与另一个人的距离只需要6步就能达到，而更深层次的意义在于：某些个别人物与其他所有人物的距离只有几步之遥。这就是马尔科姆·格拉德威尔称之为的“联系人”，即大多数人的人际关系不

属于自己，而其实属于联系人，更像是“联系人”邀请大家加入了自己的俱乐部，在“联系人”的俱乐部，我们才得以建立起自己的关系。另一类人群是内行，内行不仅仅是某个领域的专业人士，他们具有想帮助和影响他人的渴望，而且一旦获得有用的信息和判断，就愿意热心地散播出去。第三类人群是推销员，他们具有说服其他人的能力，不仅能把别人纳入自己的节拍，而且能决定谈话的范围。

现在这个时代的特点是：产品就是内容，内容就是产品；传播就是营销，营销就是传播；传播就是社交，社交就是互动；顾客就是读者，读者就是顾客。举个例子：2014年非常流行的“Duang”就是先在B站[①]火起来后，被转入微博并被大V转发后才流行起来的。如果没有大V，大多数的流行和潮流都是不可能实现的。

Facebook的品牌负责人亚当斯则认为：寻找有影响的人是一种有风险的策略。他认为社交网络不遵循从大众媒体到核心人物，再从核心人物到普通大众的线性传播模式，况且传播的对象并非一盘散沙，而是一个又一个相互独立的小圈子。他认为富有创新精神的核心人物可以加速新思想的传播进程，而追随式的核心人物则能保证观点和品牌被大众接收。因此，传播的起点往往是普通人，而并非某知名的关键人物。

人类具有归因倾向，事后诸葛亮分析起来总是头头是道，亚当斯其实强调更多的是“运气”对流行的重要性和不可或缺性。在互联网+时代做营销，最关键的就是要以接受度一致且偏好相似的族群为目标进行传播。接下来笔者依旧是通过案例来逆向拆解操作思路，社交媒

① B站全称是bilibili，音译为“哔哩哔哩”，是中国大陆一个与动画、游戏相关的弹幕视频分享网站。

介的病毒化中有一个很经典的“黄的还是蓝的”案例可供大家来分析。

裙子是怎么火起来的

大家大概不会忘记曾有关于一条裙子颜色的大讨论，这场讨论让英国一家服装企业 Roman 销量飙升。那裙子到底是黄色和白色，还是黑色和蓝色？ Roman 的设计总监米歇尔·贝斯塔克（Michelle Bastock）给了我们一个确定的答案：“我正式确定，这颜色是皇家蓝色和黑色的剪裁。”同时，贝斯塔克承诺，6 个月后将推出黄色和白色的裙子产品。

看看这家企业的官网，这裙子的售价是 50 欧元，或 77 美元，人民币也就 500 元。这裙子到底是怎么火起来的呢？

第一，要感谢美丽的 Swiked 姑娘，是她首先将这个裙子的图片发到自己的 Tumblr[①]上，寻求大家的帮助：“大家快来帮帮我，到底这货是什么颜色，我的朋友和家人，每个人意见都不统一。晕了！”大家反响强烈。

第二，BuzzFeed 的编辑选中了这条信息，瞬间产生了 3803 万的浏览量。大家投票表明：74% 的人看到的是黄色和白色；26% 的人看到的是蓝色和黑色。

第三，大家又开始转战到 Twitter 上。结果 Roman 公司当天的销量就增加了 347%，并且第一时间将这件衣服挪到了网站首页。最终因为这条裙子，公司整体销量增加了 850%。接受采访时，设计总监贝斯塔克说，我太吃惊了也太高兴了，我们忙坏了，大家跟疯了一样抢购

① Tumblr（中文名：汤博乐）成立，于 2007 年，是目前全球最大的轻博客网站，也是轻博客网站的始祖。

我们的衣服。Roman 在英国有 132 家门店，在这件事情的推动下，现在正以一周一家的速度疯狂开店。

为什么会火呢，笔者先讲常规原因。一件事物爆火的原因，从来只有 3 个：

第一，信息（Message）：就是衣服到底什么颜色的疑问和图片。

第二，信使（Messager）：金发美女、BuzzFeed 的编辑等关键人物。

第三，平台（Platform）：Tumblr、BuzzFeed、Twitter 等。

另外，核心原因也有 3 个：

第一，人性难以理解其他人跟自己所见的东西不一样！这衣服太特殊。蓝里泛着白，黑里泛着黄，百年难遇。

第二，人性中的好奇心和神秘主义倾向，足以导致其行为的改变。

第三，人性喜欢站队的毛病。颜色分歧导致站队，团队荣誉导致争论，争论形成热点并延续；每个人，都只想听到他想听到的，只想看到他想看到的。这就是营销的全部真相。

34

粉丝运营的病毒化：卖的不是产品，而是粉丝

互联网+时代的商业，正如某高人所言，其实很简单，只需要两只手。一手黏死品牌，一手黏死客户。两手都要有，两手都要硬。如何实现粉丝运营的病毒化，这是病毒营销迥异于传统营销的一点。

但粉丝运营又无疑是最艰巨，最考验能力、耐心甚至运气的艰苦工作。究竟该如何吸引粉丝？如何与粉丝互动？如何说服、留存和转化粉丝？

笔者不扯理论，直接切入实战。

4个人，一年卖1000万元

中医师X，是位传奇人物，农村出身，硕士毕业后3年实现财务自由。2014年一家四口在淘宝卖中医产品，销售额轻轻松松上千万。

他怎么做到的？——粉丝是他的制胜秘诀。X医生在微博上拥有近百万粉丝，微信粉丝近20万，每天微博上千个粉丝@他，每天新加入

粉丝有500人，而且80%以上都是北上广的高知白领女性。这些粉丝成为他最直接的购买者和热情而且免费的促销员。

符号化生存的时代，我你都在消费符号，也被符号所定义。X医生的身份也是一个符号，当然他在微博微信上的身份虽然虚拟，也会是符号，一个被北上广高知高收入的白领女性所认同和信任的符号。中国高强度高压力的企业环境下，女性关注中医养生等信息，关爱自己和家人，本来就是一个再普通不过的需求，对于微博上不花钱的唾手可得，这种需求就变成了刚需。

从众的力量到底有多大？社会心理学专家所罗门·阿希曾经说过一句话："食人族的成员都将吃人肉看作正确且平常的事情。"群体对于个人信念和行为的影响力极大，如果群体形成了某种常规习惯，社会压力会确保其他成员因从众而默认，遵守此常规。X医生能有近百万粉丝，其在医学上的实力和本领不可小看，更关键的是互联网+时代的社群所塑造出来的粉丝，才是一切答案的核心。

别看X是正经名校硕士毕业的医生：本科西医，研究生中医，师从大腕，本人虽年轻却在中医界辈分极高。但其实他更是位顶级的营销者，在成为微博大V和微信大号的历程中，他没花过一分钱做过推广，纯靠内容和事件营销，这本身就是一个草根变明星的人生大逆袭。可以说是一个人举起倚天剑，与千万个大公司大团伙去PK。

1973—1983年这10年间，财富1000强企业中有350家被新企业挤出榜单。2003—2013年，刚刚过去的这10年，财富1000强企业中被挤出榜单的居然多达712家！大公司迅速被挤下神坛，而且被挤下神坛的速度令人瞠目。彼得·德鲁克说过，企业家只有两个功能，营销和企业文化。这个时代变化如此之快，竞争如此之激烈。但营销永远是商业组织的核心。

不信你掰起手指数数，中国但凡做成的企业，老板都是一流的营销者。卖情怀的老罗、卖颠覆的周鸿祎、卖性价比的雷军，不胜枚举。原因只有一个，在这个被撕碎了并且吸干了的时代，唯有具备营销能力的组织，才有可能获得市场的注意力和信任感。粉丝是最优质的消费者，粉丝的钱谁都想赚，但不是谁都赚得到。如果把粉丝比喻成“上帝”，那么只有搞定了“上帝的上帝”，才能吃定粉丝。

粉丝运营，其实是基于神经元的阴谋。企业竞争的本质是为争夺消费者认知的厮杀；病毒营销的本质则是：如何以产品为载体，在多疑、重利、善变的中国人的神经元中植入“条件反射式的情绪”，在此情绪上培植出非理性的信任、忠诚和贡献的力量，从根本上驯服一个群体。

我们卖的不是产品，而是粉丝

有一家做小额贷款的公司，2011 年收购了北京几家广告公司，老板看中的是这些广告公司所拥有的资源——北京 4A 写字楼卫生间的资源。然后，草根出身的老板专心致志做微信，在 2015 年，面对消费者（B2C）的微信公众号拥有了 70 万粉丝；面对机构（B2B）的微信公众号拥有了 18 万粉丝。

在凯文·凯利的失控理论中，他坚信粉丝效应是“失控”“偶发”和“无法设计”的。其实笔者认为，在营销中，粉丝效应同样是复杂、模糊和未知的。用户群体性的无意识认知，最终的选择决定了最适合该群体的行为方式，而这其实是最优化的结果呈现。

该老板针对的消费者是 300 万～ 700 万元的高净值客户。如何搞定呢？当然是高价值的内容服务。他专门请团队做了一个针对新兴中产的商业头条——“怎样搞定机构用户，高大上的基金经理们如何搞定？”然后“挟粉丝以令诸侯”，做了一次基金行业的评选，用庞大的粉丝倒逼基金经理妥协，这可谓是相当高明而且落地有效的策略。

粉丝效应肯定也必须是从一个小族群开始的。与小米的观点一致，我认为粉丝效应可以因势利导。和 X 医生深聊过这个话题，医生是最适合玩粉丝营销的。

医者，救死扶伤也。中国有句老话，叫作“医不叩门，道不轻传”，除了极端的“医闹”外，医生说话，病人一般不敢废话，也没有能力对医治的方案和决定进行讨论与质疑。对于中医而言，养生疗疾的小验方，一旦有些效果，大家总是愿意第一时间分享给家人朋友。当然，对于质疑中医的人，中医粉丝总觉得是对自己智商的侮辱和侵犯。

X 医生认为他信佛，认为佛是一种积极的充满大智慧的世界观和方法论，佛教以洞穿过去与未来的方式，解决众生的终极疑惑和恐惧，获得近 10 亿信徒。医生解决的是生死疾苦，当一个人被病痛折磨时，纵有上亿家产又如何？当 X 医生给出处方，没有任何病人会还价砍价，人怎么可能给自己的小命还价？

X 医生的粉丝运营方式，可以说是最理想的宗教式营销，医生与患者地位上的不对等，极容易形成一呼百应的偶像影响力。商道即人道，企业家个人的坚忍和技巧都只能保证企业暂时性领先，唯有像宗教一样去经营人心，才能在员工和消费者灵魂深处激发出强大凝聚力，从而获得长久稳定的竞争优势。

X 医生在移动社交媒体上，只是发一些中医的生活小验方，百万粉丝转发评论无休无止，形成汹涌澎湃的自传播。X 医生只是偶尔点评转发。病毒传播的生态系统已经成型，不花一毛钱，效果超过上千万元广告费，这才是这个时代最好的玩法。

搞定粉丝是很精深的技术活

没有数字，没有粉丝，更没有运营。在粉丝运营尤其是微信运营中有些基本的常识，如：阅读量 ×10= 粉丝量，阅读量 ÷10= 转发量，每多 1 个转发 =10 个浏览量，浏览量和粉丝增长曲线具有鲜明节奏，内容贫瘠但阅读量高得不可思议的，毫无疑问是买粉刷量等。

黎万强总结了媒体的三大趋势：（1）信息从不对称变为对称；因为不对称所以要砸广告做公关，凡事就是比嗓门大。但社会化媒体推平了一切，舆论有自净能力。（2）信息传播速度暴增，影响范围空前扩大。信息扩散半径以百倍千倍增长，快传播导致快品牌。（3）互联网信息是去中心化的传播，通过社会化媒体，每个人都是信息节点，都有可能成为意见领袖。过去信息引爆的路径必须先有核心媒体报道，才会有社会热议，再有媒体跟进和放大。一切的一切，粉丝是关键。

除了医患关系、中医历史所成就的 X 医生这位典型的案例外，除了大传播大投入的明星打造和运营的特殊行业外，如何将粉丝营销拓展到大众产品，如何将粉丝对偶像的信任和虔诚转移到病毒营销中去，这是一切难点的关键。

据腾讯统计，个人在移动端数字媒体上花费的时间，已经从 2008 年的每天 18 分钟攀升到 2015 年的每天 3 个小时，占花费在互联网时间的 56%。也就是说：策略不社交，产品不移动，营销死翘翘！雷·库兹韦尔（Ray Kurzweil）的《奇点临近》（*The Singularity Is Near*）

中有个观点：过去2000年的成就相当于20世纪100年的成就，而这100年的成就又相当于2000—2014年14年的成就，未来又将相当于2014年之后7年的成就。技术加速进步，商业组织面临的外部环境瞬息万变，要想以不变应万变，方法一定要跟上。基于社会的病毒内容创建，基于行业的专家形象塑造，将是未来营销的题中之意。上帝头上还有上帝，消费者是你的上帝，但消费者本身也有自己所信仰的上帝，你要搞定消费者，必须先搞定消费者的上帝。换一个“档次”高一点的词来说，就是“降维攻击”。

X医生更是将他的粉丝细分成了3种。一种是“铁粉”，只占总粉丝的1%，十分信任他而且忠诚，但十分容易受伤，是整个品牌和商业的根基，但肯定会有流失；另一种是“芝麻秆粉”，随风倒，占30%，是需要尽力争取和说服的，它是“铁粉”替补；最后一种是“纸粉”，占总粉丝的69%，乌泱泱打酱油，一有风吹草动，就会弃他而去，甚至落井下石，看他笑话。

如何搞定病人呢？病人最珍惜的是自己的小命，而医生的职责和能力就是救死扶伤，也就是说医生搞定了病人的上帝，X医生搞定了上帝的上帝。此时他解决的是病人的硬需问题。同时，医学的高门槛又使病人根本没有评论和质疑的能力。医生之于病人，尤其是病危的病人，完全就是救世主的形象。相对于生命和健康，钱已经失去了意义；而且如果疗效显著，作为粉丝自觉自愿地为“偶像”宣传也是情理之中的举动。

美国社会心理学家米尔格拉姆（Stanley Milgram）认为，“行为是情景的直接产物”，因此“铁粉”太重要了。汉堡王Twitter的社群有35000人，但是互动很差。有一次汉堡王组织了一个活动，只要退群就能得到一张汉堡票，于是有很多人走了，留下来了 8000 人。这些人是给汉堡票也不走的，这是铁粉群。这个社群的活跃质量比以前高了 5 倍。李宇春有 35000 的铁杆粉丝，就能造就一个现象级的李宇春；X 医生的铁粉对他是言听计从，所有微博、微信无条件转发和收藏，更关键的是，这些铁粉大都是北上广的高素质、高智商、高收入的白领，属于营销中典型的意见领袖型，对于大众粉丝的示范和带动效应相当巨大。

让品牌一夜间成为潮流而且持续下去的关键，就是狂热粉丝的追捧。大家可以想想影视明星粉丝的疯狂举动，而粉丝运营的关键是场景的搭建和营造，需要创造出一种群体氛围。这种群体氛围能令大脑坠入茫然躁动的状态，丧失思辨和内控能力，不但易于接受暗示，而且会不计后果地付诸行动。

附 录

100个最毒最毒的病毒营销案例

一、互动

1. Pin it to win it(Jetsetter)——（猎奇—有趣）

2. Mad men yourself（AMC）——（探索—虚拟互动）

3. Paranormal Activity（强调—互动投票预售，地域归属，如足球）

4. Honda Pintermission（本田）——（探索—互动参与）

5. LG Elevator Prank(LG)——（猎奇—搞笑）

6. 谷歌邮箱邀请制（谷歌）——（探索—互动参与）

7. Telekinetic Coffee Shop Surprise（魔女嘉莉）——（猎奇—互动）

8. The coke zero & mentos rocket car（可口可乐）——（猎奇—互动参与）

9. Coca-Cola small world mechine（可口可乐）——（学习—新信息）

10. 围住神经猫、脸萌——（猎奇—搞笑）

11. 凡客体——（炫耀—独特性）

12. 冰桶挑战——（探索—互动参与）

13. QQ 漂流瓶（腾讯）——（探索—虚拟互动）

14. 偷菜（开心网）——（探索—虚拟互动）

15. Bully（Twitter）——（强调—支持）

16. 抢红包（微信）——（探索—虚拟互动）

17. 反手摸肚脐——（炫耀—强调）

18. 四眼怪物（iTunes）——（探索—猎奇搞笑）

19. Hot or not（Hotmail）——（探索—人际互动）

20. Ning 的双重病毒——（猎奇—尝试）

21. 特百惠 / 安利——（探索—虚拟互动）

22. 人品计算器——（猎奇—互动参与）

23. 2015 年新年签（深夜食堂）（炫耀—强调）

24. 主要看气质——（探索—人际互动）

25.《创富志》的礼品赠书——（炫耀—独特性）

26. 吃垮必胜客——（猎奇—有趣）

27. 喝光王老吉——（猎奇—有趣）

28. 正月初五接财神——（探索—虚拟互动）

29. 可口可乐昵称瓶——（炫耀—独特性）

30. 挖掘机技术哪家强——（探索—人际互动）

31.“一生只送一人”的 Roseonly 玫瑰——（探索—人际互动）

32. 脸萌，魔漫相机——（探索—人际互动）

33. 创始人众筹上中欧——（探索—人际互动）

34. 小米产品抢购——（宣泄—情感表达）

35. 大黄鸭——（猎奇—有趣）

36. 温顺的小鸡（汉堡王）——（猎奇—有趣）

37. 庞氏骗局——（探索—互惠）

38. 我是给王岐山送打虎棍的人，你送不送——（强调—价值观）

二、视频

1. Responses(Old Spice，宝洁产品)——（猎奇—搞笑）

2. Will it blend(Blendtec 搅拌机)——（猎奇—有趣）

3. Live young(依云)——（猎奇—幽默）

4. Gladiator(百事可乐)——（猎奇—有趣）

5. Xbox project natal(微软)——（猎奇—有趣）

6. Evolution(多芬)——（宣泄—人造美的压力）

7. 快闪舞蹈 T-mobile dance (T-mobile)——（猎奇—搞笑）

8. Crash the super bowl (多力多滋，百事)——（猎奇—搞笑）

9. Odor blocker(Old Spice，宝洁产品)——（猎奇—搞笑）

10. Gymkhana 5(DC shoes)——（猎奇—刺激）

11. Push to Add Drama(TNT)——(猎奇—搞笑)

12. Ode to Merton the Chatroulette Pianist（Ben Folds）——（探索—互动）

13. Take This Lollipop（Facebook）——（猎奇—刺激）

14. Dumb Ways to Die（墨尔本铁路局）——（猎奇—搞笑）

15. Air New Zealand an Expected Briefing（新西兰航空）——（猎奇—搞笑）

16. Dance Pony Dance (Three UK) ——（猎奇—搞笑）

17. Pepsi Max Test Drive Prank（百事可乐）——（猎奇—搞笑）

18. Show Your Joe（Kmart）——（猎奇—搞笑）

19. Volvo Trucks-The Epic Split faet（沃尔沃）——（猎奇—搞笑）

20. Always like a girl（宝洁）——（强调—归属）

21. Brotherhood（百威）——（宣泄—情感）

22. Touch over the internet（杜蕾斯）——（学习—新信息）

23. 坚果手机发布会（锤子科技）——（猎奇—有趣）

24. 江南 style——（宣泄—搞笑）

25. 小苹果——（宣泄—搞笑）

26. 为勇敢行为鼓掌（嘉士伯）——（猎奇—搞笑）

27. 怎样画出 Lady Gaga 的眼睛（米歇尔·潘）——（学习—新信息）

28. 一块钢板的艺术之旅（小米）——（猎奇—有趣）

29. 穹顶之下（柴静）——（学习—新信息）

30. 百度更懂中文（百度）——（猎奇—搞笑）

31. You Know When It's the Devil（德沃吸尘器）——（猎奇—搞笑）

32. 晓说（高晓松）——（猎奇—搞笑）

33. 1984——（猎奇—有趣）

34. 优衣库试衣间（猎奇—情欲）

三、图片

1. 宝马、Vivo、可口可乐广告（微信）——（炫耀—阶层）

2. 少放鞭炮和不买鞭炮咋办——（宣泄—情感）

3. 薄，总是要出事的（杜蕾斯）——（猎奇—搞笑）

4. 裙子的颜色，蓝黑还是金黄——（猎奇—有趣）

5. Duang——（猎奇—搞笑）

6. 人贩子判死刑——（宣泄—情感）

7. 我怕（神州专车）——（宣泄—情感）

8. 斯巴达勇士（摇滚沙拉）——（猎奇—搞笑）

四、文章

1. 暖男（鲁瑾）——（强调—归属）

2. 腾讯的张小龙是一个怎样的人——（学习—好奇）

3. “痞子”CEO 唐岩（马李灵珊）——（学习—好奇）

4. 丈夫因妻子怀孕逐户敲门，要邻居停用 Wi-Fi——（猎奇—搞笑）

5. 老干妈配雪糕，根本停不下来——（猎奇—搞笑）

6. 不睡觉，人只能活 5 天（脑白金）——（学习—好奇）

7. 一天不大便 = 吸三包烟（脑白金）——（学习—好奇）

8. 女人四十，是花还是豆腐渣（脑白金）——（学习—好奇）

9. 宫寒是女性健康最牛的杀手——（学习—好奇）

10. 人类可以长生不老吗（脑白金）——（学习—好奇）

11. 梵高为什么自杀（顾爷）——（猎奇—搞笑）

12. 岁月的痕迹（顾爷）——（猎奇—搞笑）

13. 女王范（顾爷）——（猎奇—搞笑）

14．互联网发展趋势研究（天才小熊猫）——（猎奇—搞笑）

15．我在新浪工作一天的经历（天才小熊猫）——（猎奇—搞笑）

16．没事就不要自己做手机壳了（天才小熊猫）——（猎奇—搞笑）

17．今宵欢乐多（冯唐）——（探索—人际互动）

18．去日本买一只马桶盖（吴晓波）——（猎奇—有趣）

19．能赚钱的暴利行业，究竟在哪里（陈轩）——（学习—有用）

20．一篇文章，111 万浏览量和 3 万收藏量，病毒式推广传播到底怎么做（陈轩）——（学习—有用）

（注：以上案例因篇幅和书籍表现形式所限，仅列出了标题，对具体内容感兴趣的读者可在互联网上进行搜索。）